102 Waldhütten im Kanton Zürich

Standorte, Platzzahl,
Einrichtungen, Mietpreise, Kontaktpersonen
und Adressen

Ursula Pfeffer

WERDVERLAG

Reproduziert mit
Bewilligung des Bundesamtes für Landestopographie
(BA024194)

Alle Rechte vorbehalten,
einschliesslich derjenigen des
auszugsweisen Abdrucks und der
elektronischen Wiedergabe

© 2002 Werd Verlag, Zürich

Lektorat: Katharina Rengel
Korrektorat: Elisabeth Oberson
Umschlagfoto: Christina Sieg
Karten: Jürg Pfeiffer
Herstellung: Katrin Zbinden

ISBN 3-85932-393-8
www.werdverlag.ch

INHALT

	Seite
Ein paar Empfehlungen	4
Verzeichnis nach Platzzahl	5
Verzeichnis nach Ortschaften	9
Adressen von originellen Partylokalen	43
Karten	
A Winterthur	54
B Zürich Nord	56
C Zürich Süd	58

Empfehlungen zu Reservation und Benützung

Zeit und Ort
Waldhütten und ähnliche Mietobjekte wie Schützenhäuser oder Klubhütten sind oft auf längere Zeit ausgebucht, eine möglichst frühzeitige Reservation ist zu empfehlen. Eine Besichtigung lohnt sich.
Bei kurzfristiger Annullation ist eine Entschädigung üblich.
Über den genauen Standort und die empfohlenen oder erlaubten Zufahrtswege informiert Sie der Vermieter.
Oftmals erhalten Sie auch einen Situationsplan und ein Reglement. Meist wird auch ein Mietvertrag abgeschlossen.
Die Benützungsgebühr ist beim Abholen des Schlüssels bzw. bei der Vertragsunterzeichnung zu entrichten.
Respektieren Sie den Hinweis «Vermietung nur an Einheimische» und umgehen Sie die höheren Preise für Auswärtige nicht durch das Vorschieben von Bekannten.
Die Vermietung dauert in den meisten Fällen von Vormittag zu Vormittag.
Fragen Sie, ob der Förster in der Adventszeit oder auf Weihnachten einen Christbaum vor der Waldhütte aufstellt.

Vorsichtsmassnahmen
Bitte seien Sie vorsichtig im Umgang mit Feuer. Das Abbrennen von Feuerwerk ist zum Schutz von Wald und Hütte untersagt. Im Fall von frei stehenden Hütten ist das Verwenden von Feuerwerk auf alle Fälle mit der Vermietpartei zu besprechen.

Sorge zur Umwelt
Wald und Forstwege, Pflanzen und Tiere sind zu schonen.
Von Automobilisten wird erwartet, dass sie mit der entsprechenden Vorsicht fahren und möglichst wenig Lärm verursachen.
Vielerorts bestehen auch Vorschriften über den Gebrauch von Musikanlagen. Man spreche sich in diesem Punkt mit der Vermietpartei ab, um keine unliebsamen Überraschungen zu erleben.

Speis und Trank
In einigen Fällen stellt der Vermieter Essen und Getränke zur Verfügung oder er kann Ihnen mit Tipps weiterhelfen.

Nach dem Fest
Das Lokal wird nach der Benutzung aufgeräumt und sauber gereinigt zurückgegeben. Falls eine Nachreinigung nötig ist, wird sie in der Regel in Rechnung gestellt.

LOKALE FÜR 10 BIS 20 PERSONEN

		Seite	Karte
31	Hausen am Albis: Gohmhütte	19	C
33	Hettlingen: Blockhütte Heimenstein	19	A
38	Humlikon: Waldhütte Humlikon	21	A
67	Ricken: Jagdhütte Durschlagen	31	C
68	Rikon im Tösstal: Waldhütte Oberwald	31	B
78	Thalwil: Waldhütte Bannegg	34	C
79	Trasadingen: Rüedi's Räbhüsli	35	A
91	Wilchingen: Waldhütte Hanfgarten	39	A
92	Wilchingen: Waldhütte Oberholz	39	A
94	Winkel: Waldhütte Chuchi	40	B
100	Zürich-Altstetten: Forsthaus Frauenmatt	42	B
101	Zürich-Schwamendingen: Waldhütte	42	B

LOKALE FÜR 20 BIS 30 PERSONEN

		Seite	Karte
1	Adetswil: Waldhütte Sennbach	9	C
5	Bachenbülach: Waldhütte	10	B
17	Bülach: Waldhütte Lärchenischlag	14	A
20	Egg: Waldhütte Holzkorporation Egg	15	C
27	Glattbrugg: Blockhütte Au im Auwäldli	17	B
37	Horgen: Waldhütte Forrenhalden	21	C
45	Maur: Waldhütte Guldenen-Scheuren	23	C
50	Neuhausen am Rheinfall: Waldhütte Collinetta	25	A
51	Neunkirch: Waldhütte Wasenhütte	25	A
58	Oberrieden: Pflanzschul-Waldhütte Stumpenhölzlimoos	28	C
61	Ottenbach: Pontonierhaus	29	C
63	Pfaffhausen: Offene Waldhütte Lohholz	29	C
65	Regensdorf: Waldhütte Gubrist	30	B
66	Rheinau: Waldhütte Jägerbrünnli	30	A
77	Thalheim an der Thur: Altes Schützenhaus	34	A
96	Winterthur: Walcheweiher-Hütte im Lindberg	40	A
97	Zumikon: Pfadiheim Tobelvilla	41	C

LOKALE FÜR 30 BIS 40 PERSONEN

		Seite	Karte
7	Bassersdorf: Waldhütte Heidenburg	11	B
10	Birmensdorf: Waldhütte Grossmatthau	12	C
11	Bonstetten: Waldhütte Birch	12	C
25	Fischenthal: Naturfreundehaus Felsenegg	17	C
30	Glattfelden: Waldhütte Buechhalden	18	A
32	Herrliberg: Waldhütte Herrliberg	19	C
36	Horgen: Waldhütte Eichloch	20	C
39	Islikon: Schützenstube	21	A
42	Küsnacht: Forsthaus Küsnacht	22	C
43	Langnau am Albis: Waldhütte Im Boden	23	C
47	Meilen: Forsthaus Waldfrieden	24	C
52	Niederhasli: Schützenstube Hecht	26	B
54	Oberembrach: Waldhütte Wagenburg	26	B
59	Oberwil-Lieli: Waldhütte	28	C
60	Obfelden: Schützenstube	28	C
71	Schneisingen: Schützenhaus	32	A
74	Spreitenbach: Waldhütte Heitersberg	33	B
81	Unterehrendingen: Schützenhaus Ifängli	35	B
82	Urdorf: Waldhütte Asp	36	B
84	Uster: Waldhütte Im Näniker Hard	36	C
85	Volketswil: Forsthaus Brugglen	37	B
87	Wernetshausen: Schützenhaus	37	C
90	Wilchingen: Waldhütte Cholplatz	38	A
95	Winterthur: Gatterhütte im Eschenberg	40	B

LOKALE FÜR 40 BIS 50 PERSONEN

		Seite	Karte
3	Arni: Waldhütte Rainhau	9	C
9	Birmensdorf: Waldhütte Ettenberg	11	C
13	Buchberg: Zur alten Pfarrschür	13	A
14	Buchberg: Waldhütte Buchberg	13	A
15	Buchberg: Winzerstube	13	A
18	Dättlikon: Schützenstube	14	A
22	Fällanden: Pfadihütte Kleinhirn	16	C
24	Fehraltorf: Schützenhaus	16	C
26	Geeren-Dübendorf: Forsthaus Geeren	17	B
28	Glattbrugg: Klubhaus Ornithologischer Verein	18	B
34	Hochfelden: Forsthaus	20	A
41	Kloten: Blockhütte Schluefweg	22	B
49	Neuenhof: Waldhaus	25	B
56	Oberglatt: Schützenstube	27	B
69	Rottenschwil: Schützenhaus Rütimatten	31	C
70	Russikon: Schützenhaus	32	B
75	Stadel bei Winterthur: Gussli-Haus	33	A
80	Truttikon: Schützenstube	35	A
88	Wettswil am Albis: Schützenstube Grütmatt	38	C
89	Wiesendangen: Waldhütte Eggwald	38	A
98	Zumikon: Schützenstube	41	C
99	Zürich-Adlisberg: Offenes Waldhüsli	41	C
100	Zürich-Altstetten: Forsthaus Frauenmatt	42	B

LOKALE FÜR 50 UND MEHR PERSONEN

		Seite	Karte
2	Aesch-Birmensdorf: Waldhütte Aesch	9	C
4	Bachenbülach: Altes Schützenhaus	10	B
6	Bassersdorf: Altes Schützenhaus Geeren	10	B
8	Berikon: Schützenstube	11	B
12	Bremgarten: Forsthaus im Wald	12	B
16	Bülach: Waldhütte Höhragen	14	B
19	Dietikon: Schützenhaus Reppischtal	15	B
21	Embrach: Waldhaus Warpel	15	A
23	Fällanden: Fällander Waldhuus	16	C
29	Glattbrugg: Vereinshaus des Turnvereins Opfikon	18	B
35	Hochfelden: Schützenhaus im Maas	20	A
40	Kleinandelfingen: Schiterberg Scheune	22	A
44	Luckhausen: Schützenhaus	23	B
46	Maur: Waldhütte Stuhlen	24	C
48	Neftenbach: Schützenstube	24	A
53	Oberehrendingen: Schützenstube Sackhölzli	26	B
55	Oberengstringen: Altes Schützenhaus	27	B
57	Oberhasli: Schützenhaus Salen	27	B
62	Ottenbach: Schützenstube Joner Gom	29	C
64	Pfungen: Schützenhaus Grabistübli	30	B
72	Schönenberg: Jagdhütte Säge	32	C
73	Seegräben: Waldschulhaus	33	C
76	Steg im Tösstal: Skihütte Talstation Skilift Steg	34	C
83	Uster: Schützenstube	36	C
86	Watt bei Regensdorf: Rebhaus	37	B
93	Winkel: Schützenstube	39	B
102	Zürich-Zürichberg: Pavillon Waldwiese	42	B

1 ADETSWIL — KARTE C

Waldhütte Sennbach
Für 25 Personen, am Waldrand, Zufahrt mit 1 Auto gegen Gebühr von Fr. 20.– gestattet, ab Parkplatz 15 Gehminuten, mit Gaslicht, Holzofen, Trinkwasser ab Hahn, im Winter Wasser vom Quellbach, Feuerstelle im Freien.

Miete:
Fr. 90.–

Auskunft:
Esther Brandenberger
Stapfetenstrasse 51
8345 Adetswil
Tel. 01 939 13 76

2 AESCH-BIRMENSDORF — KARTE C

Waldhütte Aesch
Für 65 Personen, 30 Parkplätze, mit Küche, Kochherd, Backofen, Abwaschmaschine, Geschirr, Grill, Wasser, WC.

Miete:
Fr. 150.– Mo bis Do
Fr. 250.– Fr bis So
für Einheimische und Auswärtige

Auskunft:
Monika Stalder
Eggweid
8904 Aesch
Tel. 01 737 12 04

3 ARNI — KARTE C

Waldhütte Rainhau
Für 50 Personen, im Wald, Zufahrt und Parkplätze, mit Küche, Geschirr, Abwaschmaschine, Wasser, Strom, Cheminée, WC, Feuerstelle im Freien.

Miete:
Fr. 150.– für Einheimische
Fr. 200.– für Auswärtige
Auf Wunsch mit Reinigung

Auskunft:
Irma Huber-Strebel
Weidstrasse
8905 Arni
Tel. 056 634 14 76

4 BACHENBÜLACH   KARTE B

Altes Schützenhaus
Für 50 bis 60 Personen, Zufahrt Schrebergärten für 5 Autos erlaubt, mit Küche, Geschirr, Kühlschrank, Gasgrill, Umluft-Cheminée, Wasser, Strom, Holz, WC.

Miete:
Fr. 270.–

Auskunft:
W. und H. Müller
Dorfstrasse 23
8184 Bachenbülach
Tel. 01 860 85 23

5 BACHENBÜLACH   KARTE B

Waldhütte
Für 30 Personen, am Waldrand, Zufahrt für 1 Auto erlaubt, ab Parkplatz 300 m, mit Gasrechaud, Holzofen WC, ohne Strom. Im Freien Tische, Bänke, Cheminée, Wasser vom Brunnen.

Miete:
Fr. 75.– für Einheimische
Fr. 117.– für Auswärtige

Auskunft:
Evelyne Lüssi-Deshayes
Schulhausstrasse 4
8184 Bachenbülach
Tel. 01 860 87 59

6 BASSERSDORF   KARTE B

Altes Schützenhaus Geeren
Für 80 Personen, Fläche 200 m^2, Nähe Siedlung Auenring, Zufahrt nur für 2 Autos erlaubt, Parkplätze beim Bahnhof, erreichbar in 5 Gehminuten, mit Küche, Backofen, Geschirr, Geschirrspüler, Grill, Warmwasser, Strom, Heizung, Garderobe, WC. Benützung bis 24.00 Uhr.

Miete:
Fr. 200.– für Einheimische
Fr. 250.– für Auswärtige
+ Stromkosten

Auskunft:
Frau E. Guggisberg
Geerenweg 21
8303 Bassersdorf
Tel. 01 836 70 18

7 BASSERSDORF
KARTE B

Waldhütte Heidenburg
Für 40 Personen, je 20 Personen im Innern und auf Veranda, Zufahrt nur für 1 Auto erlaubt, ab Parkplatz 5 Gehminuten, mit Geschirr, Kochtöpfen, Holzofen, Petrollampen, WC ausserhalb der Waldhütte. Trinkwasser-Brunnen in der Nähe. Ohne Strom und Heizung.

Miete:
Fr. 100.– nur für Einheimische
Fr. 100.– Depot

Auskunft:
Einwohnerkontrolle
8303 Bassersdorf
Tel. 01 838 85 60 oder 62

8 BERIKON
KARTE B

Schützenstube
Für 60 Personen, Marrengasse, in Wiese Nähe Waldrand, Zufahrt und Parkplätze, mit Küche, Backofen, Geschirr, Abwaschmaschine, Strom, Warmwasser, Cheminée, Bodenheizung, WC. Auf Wunsch zusätzliche Kühlschränke. Reinigung durch Benützer.

Miete:
Fr. 200.– für Einheimische
Fr. 300.– für Auswärtige
Fr. 20.– Heizung vom
1. Oktober bis 30. April

Auskunft:
Evarist Koch
am Stattgatter 11
8965 Berikon
Tel. 056 633 11 74

9 BIRMENSDORF
KARTE C

Waldhütte Ettenberg
Für 50 Personen, Fläche 48 m^2, Zufahrt und 50 Parkplätze, Küche, Geschirr, Abwaschmaschine, Bodenheizung, Cheminée mit Rost, WC. Sonntags keine Vermietung.

Miete:
Fr. 300.–
Auf Wunsch mit Reinigung

Auskunft:
Margrit Schmid
Zürcherstrasse 34
8903 Birmensdorf
Tel. 01 737 35 44
Handy 079 382 22 15

10 BIRMENSDORF   KARTE C

Waldhütte Grossmatthau
Für 40 Personen, Fläche 32 m^2, Zufahrt und 15 Parkplätze, Küche, Wasser, Strom, WC. Aussencheminée mit Rost.

Miete:
Fr. 120.– für Einheimische
Fr. 160.– für Auswärtige
Auf Wunsch mit Reinigung

Auskunft:
Margrit Schmid
Zürcherstrasse 34
8903 Birmensdorf
Tel. 01 737 35 44
Handy 079 382 22 15

11 BONSTETTEN   KARTE C

Waldhütte Birch
Für 35 Personen, im Birchwald in Waldlichtung, Fläche 35 m^2, Zufahrt, 6 Parkplätze, mit Küche, Geschirr, Warmwasser, zusätzlich Kochgelegenheit mit Rechaud, Strom, Holzheizung, WC. Im Freien 3 Tische und Bänke, Feuerstelle, Brunnen.

Miete:
Fr. 150.–

Auskunft:
Jakob Hedinger
Aumülistrasse 10
8906 Bonstetten
Tel. 01 700 03 36

12 BREMGARTEN   KARTE B

Forsthaus im Wald
Für 100 Personen, Zufahrt mit Car möglich, Parkplätze, Strom, Wasser, kleine Küche, Geschirr, Abwaschmaschine, Cheminée, Heizung, Telefon, 2 WC. Im Freien gedeckter Sitzplatz und 2 Feuerstellen.

Miete:
Fr. 350.– für Einheimische
Fr. 450.– für Auswärtige
Fr. 100.– für 1 Tag Vorbereitung
+ Nebenkosten

Auskunft:
Joseph Lanz
Austrasse 12 B
5620 Bremgarten
Tel. 056 633 63 44
Fax 056 633 63 62

13 BUCHBERG　　　　　　　　　　　KARTE A

Zur alten Pfarrschür
Für 50 Personen, am Rebhang mit Blick auf den Rhein, Fläche 80 m^2, überdachte Terrasse 50 m^2, Zufahrt, Posthaltestelle, Parkplätze in der Nähe, Küche, Geschirr, Geschirrspüler, Kaffeemaschine, Kühlschrank, Heizung, WC, Feuerstelle im Freien.

Miete:
Fr. 170.– für Einheimische
Fr. 210.– für Auswärtige
Auf Wunsch mit Reinigung

Auskunft:
Frau Ruth Simmler
Dorfstrasse 3
8454 Buchberg
Tel. 01 867 32 50

14 BUCHBERG　　　　　　　　　　　KARTE A

Waldhütte Buchberg
Für 50 Personen, Warthau, im Wald, Zufahrt und Parkplätze, mit Stromgenerator, Holzofen, Cheminée, Grillrost, Holz, WC. Im Freien Tische und Bänke für 50 Personen, Feuerstelle.

Miete:
Fr.　90.– für Einheimische
Fr. 180.– für Auswärtige
Fr.　60.– Generator

Auskunft:
Simone Ackermann
Birkenstrasse 218
8454 Buchberg
Tel. 01 867 35 87
Gemeinde Fax 01 867 13 50

15 BUCHBERG　　　　　　　　　　　KARTE A

Winzerstube
Für 50 Personen, 85 m^2, oberhalb des Rebberges, Zufahrt und Parkplätze, mit Kühlschrank, Geschirr, Geschirrspüler, Cheminée, Grillrost, Heizung, Holzofen, Musikanlage, Stehbar, WC. Im Freien Tische und Bänke, Feuerstelle. Hauseigener Wein, Mai bis Oktober sonntags keine Vermietung.

Miete:
Fr. 100.– für Einheimische
Fr. 150.– für Auswärtige
Mit Wein- und Getränkebezug

Auskunft:
Markus und Susann Simmler
Lindenhof 166
8454 Buchberg
Tel. 01 867 15 59
Fax 01 867 15 69

16 BÜLACH
KARTE B

Waldhütte Höhragen
Für 60 Personen, Fläche 60 m^2, im Wald, Zufahrt nur für 3 Autos erlaubt, Parkplätze beim Waldeingang, ca. 400 m bis Waldhütte, einfache Küche mit Gasrechaud, Holzkochherd, Gaslicht, Schwedenofen mit Grilleinsatz, Holzheizung, WC, Wasser vom Brunnen, halb gedeckte Feuerstelle mit Grillrost im Freien.

Miete:
Fr. 100.– für Einheimische
Fr. 150.– für Auswärtige

Auskunft:
Elisabeth Dierauer
Frohburgweg 11
8180 Bülach
Tel. 01 860 86 19

17 BÜLACH
KARTE A

Waldhütte Lärchenischlag
Für 25 Personen, Fläche 30 m^2, im Wald, Zufahrt nur für 3 Autos erlaubt, Parkplätze beim Waldeingang, ca. 400 m bis Waldhütte, Gaslicht, Holzheizung, Wasser vom Brunnen, gedeckte Feuerstelle mit Grillrost, WC ausserhalb der Waldhütte. Nähe Finnenbahn und Vita-Parcours.

Miete:
Fr. 50.– für Einheimische
Fr. 80.– für Auswärtige

Auskunft:
Elisabeth Dierauer
Frohburgweg 11
8180 Bülach
Tel. 01 860 86 19

18 DÄTTLIKON
KARTE A

Schützenstube
Für 40 bis 50 Personen, Fläche 55 m^2, in Wiese, Zufahrt und Parkplätze, mit Küche, Geschirr, Geschirrspüler, Warmwasser, Cheminée, WC, Garderobe. Wein ab Rebberg.

Miete:
Fr. 95.– bis Fr. 125.–
für Einheimische;
Fr. 120.– bis Fr. 150.–
für Auswärtige

Auskunft:
Markus Scarabelli
Unterdorf 16
8421 Dättlikon
Tel. 052 315 13 48
www.svdaettlikon.ch

19 DIETIKON
KARTE B

Schützenhaus Reppischtal
Für 100 Personen, am Waldrand, Zufahrt mit Bewilligung für Materialtransport erlaubt, ab Parkplatz 3 Gehminuten, mit Küche, Geschirr, Wasser, Strom, Cheminée, Heizung, WC. Verlängerung auf Anfrage.

Miete:
Fr. 380.– für Einheimische
Fr. 480.– für Auswärtige
Nur mit Party-Service

Auskunft:
Catering-Service AG
Elisenstrasse 10
8953 Dietikon
Tel. 01 745 44 00
Fax 01 745 44 88

20 EGG
KARTE C

Waldhütte Holzkorporation Egg
Für 25 bis 30 Personen, Schaubigen, im Wald, Zufahrt und Parkplätze, mit Gaslicht, Cheminée mit Grill, Gasheizung, Feuerstelle im Freien.

Miete:
Fr. 130.–

Auskunft:
Heidi Hoffmann-Weber
Im Letten
8132 Egg
Tel. 01 984 38 02
Fax 01 984 38 13

21 EMBRACH
KARTE A

Waldhaus Warpel
Für 90 Personen, Zufahrt und 30 Parkplätze, Küche, Geschirr, Wasser, Strom, Cheminée frei im Raum, WC.

Miete:
Fr. 300.–

Auskunft:
Gemeindegutsverwaltung
8424 Embrach
Tel. 01 866 36 30

22 FÄLLANDEN KARTE C

Pfadihütte Kleinhirn
Für 50 Personen, im Bruggacher, am Waldrand, Zufahrt und Parkplätze, mit Küche, Kühlschrank, Backofen, Warmwasser, Strom, Heizung, Holzofen, Cheminée, Grillrost, Garderobe, Stehbar, WC. Im Freien Tische und Bänke, Feuerstelle.

Miete:
Fr. 120.– im Sommer
Fr. 160.– im Winter
für Auswärtige
10 % für Einheimische

Auskunft:
Daniel Berger
Sunnetalstrasse 9
8117 Fällanden
Tel. 01 825 21 57

23 FÄLLANDEN KARTE C

Fällander Waldhuus
Bis 100 Personen, am Waldrand, Parkplätze in der Nähe, Küche, Geschirr, Geschirrspüler, Kühl- und Tiefkühlschränke, Cheminée, Musikanlage, Heizung, WC. Im Freien Tische und Bänke, Feuerstelle mit Grill, Beleuchtung.

Miete:
Fr. 450.–

Auskunft:
Fällander-Waldhuus
Postfach
8117 Fällanden
Tel. 01 825 25 20
E-Mail: waldhuus@dorfverein.ch

24 FEHRALTORF KARTE C

Schützenhaus
Für 50 Personen, im Haufländer, am Waldrand, Zufahrt und Parkplätze, mit Küche, Geschirr, Backofen, Kaffeemaschine, Geschirrspüler, Warmwasser, Cheminée, Heizung, Garderobe, WC.

Miete:
Fr. 300.–

Auskunft:
Christian Wegmüller
Chatzenrainstrasse 2
8320 Fehraltorf
Tel. 01 995 66 22

25 FISCHENTHAL KARTE C

Naturfreundehaus Felsenegg
Für 40 Personen, mit Schlafgelegenheit, im Wandergebiet Steg-Hinterstrahlegg, Parkplätze beim Haus, am Sonntag Pendelverkehr, mit Küche, Geschirr, Strom, Wasser, Holzofen, WC, Feuerstelle und Spielplatz.

Miete:
Auf Anfrage

Auskunft:
Anita Dal Molin
Sennhüttenstrasse 18
8635 Oberdürnten
Tel. 055 240 76 17

26 GEEREN-DÜBENDORF KARTE B

Forsthaus Geeren
Für 50 Personen, am Waldrand, Zufahrt und Parkplätze, bescheidene Kochgelegenheit, Geschirr, Abwaschmaschine, Wasser, Strom, Cheminée, Holzofen, WC. Im Freien Tische und Bänke, Feuerstelle.

Miete:
Fr. 260.–

Auskunft:
Holzkorporation Dübendorf
Markus Tanner
Untere Geerenstrasse 61
8044 Gockhausen-Geeren
Tel. 01 821 78 53

27 GLATTBRUGG KARTE B

Blockhütte Au im Auwäldli
Für 25 bis 30 Personen, Zufahrt für ein Auto mit Bewilligung, ab Parkplatz Sportanlage Au ca. 5 Gehminuten, mit Miniküche, 2-Platten-Rechaud, Kühlschrank, Wasser, Strom, Cheminée, Rost und Grillgarnitur, Holz, WC.

Miete:
Fr. 140.– für Einheimische
Fr. 220.– für Auswärtige
Fr. 50.– Reinigung auf Wunsch,
ohne Sa und So

Auskunft:
Frau R. Tacchella
Liegenschaftenverwaltung Stadt
Opfikon
8152 Glattbrugg
Tel. 01 829 82 41

28 GLATTBRUGG KARTE B

Klubhaus Ornithologischer Verein
Für 45 Personen, Fläche 60 m^2, isolierte Baracke, Zufahrt und Parkplätze, Küche, Herd mit Backofen, Geschirr, Raclette-Öfeli, Fondue-Pfannen, Geschirrspüler, Heizung, Musikanlage, WC. Reinigung durch Benützer.

Miete:
Fr. 150.– Mai bis Oktober
Fr. 170.– November bis April

Auskunft:
Theodor Müri
Lindenweg 6
8153 Rümlang
Tel. 01 817 08 67
Fax 01 817 16 28
E-Mail: hetemu@swissonline.ch

29 GLATTBRUGG KARTE B

Vereinshaus des Turnvereins Opfikon
Für 100 Personen, Fläche ca. 140 m^2, in Wiese, Parkplätze, mit Küche, Geschirr, Geschirrspüler, Bar, Heizung, Telefon, WC. Im Freien Sitzplatz mit Cheminée.

Miete:
Fr. 250.– Fr und Sa
Fr. 200.– übrige Tage (Sommer)
Fr. 300.– Fr und Sa
Fr. 250.– übrige Tag (Winter)
Fr. 50.– Cheminée-Benützung

Auskunft:
Rita Walther
Bruggackerstrasse 18
8152 Glattbrugg
Tel. 01 810 07 08

30 GLATTFELDEN KARTE A

Waldhütte Buechhalden
Für 40 Personen, Fläche ca. 50 m^2, im Wald, Amlisbodenstrasse, Zufahrt und Parkplätze, Anrichteraum, Geschirr, Gaslicht, Cheminée, Wasser vom Brunnen, Garderobe, WC, Holzlager. Im Freien Tische, Bänke und Feuerstelle.

Miete:
Fr. 150.– für Einheimische
Fr. 200.– für Auswärtige
Fr. 200.– Depot für Reinigung
und Materialverlust

Auskunft:
Maria Strickler
Staltigstrasse 47
8192 Glattfelden
Tel. 01 867 10 79

31 HAUSEN AM ALBIS   KARTE C

Gohmhütte
Für 20 Personen, Zufahrt, entlang der Waldstrasse parkieren, Kochgelegenheit, etwas Geschirr, Solarbeleuchtung, Wasser, WC, Feuerstelle im Freien.

Miete:
Auf Anfrage

Auskunft:
Ewald Weder
Albisstrasse 45
8915 Hausen
Tel. 01 764 15 80

32 HERRLIBERG   KARTE C

Waldhütte Herrliberg
Für 40 Personen, Fläche 45 m^2, im Wald, Zufahrt und Parkplätze, mit Strom, Wasser, Holzofen, WC.

Miete:
Fr. 170.– So bis Fr
Fr. 190.– Sa

Auskunft:
Emil Boller
Bollerrain
8132 Hinteregg
Tel. 01 984 05 44

33 HETTLINGEN   KARTE A

Blockhütte Heimenstein
Für 15 bis 20 Personen, Zufahrt, 4 bis 5 Parkplätze, Feuerstelle mit Rost in der Hütte, Wasser vom Brunnen, ohne Strom.

Miete:
Fr. 30.–
Fr. 30.– Holz

Auskunft:
Edwin und Rosmarie Müller
Alte Schaffhauserstrasse 125
8442 Hettlingen
Tel. 052 316 14 56

34 HOCHFELDEN
KARTE A

Forsthaus
Für 50 Personen, Fläche 42 m^2, Zufahrt, 30 Parkplätze, mit Küche, 3-Platten-Kochherd, Wasser, Cheminée, Holzofen, WC. Im Freien ungedeckte Sitzplätze und Feuerstelle.

Miete:
Fr. 100.– für Einheimische
Fr. 200.– für Auswärtige

Auskunft:
Oskar Riediker
Stadlerstrasse 1
8182 Hochfelden
Tel. 01 860 81 16

35 HOCHFELDEN
KARTE A

Schützenhaus im Maas
Für 80 Personen, im Grünen, Zufahrt, Parkplätze, mit Küche, Wasser, Cheminée, Elektroheizung, WC.

Miete
Fr. 300.– für Auswärtige
Fr. 150.– für Einwohner von
Höri und Hochfelden
Fr. 50.– Heizung
Fr. 20.– Cheminéeholz

Auskunft:
Gemeindeverwaltung
8182 Hochfelden
Tel. 01 860 43 73

36 HORGEN
KARTE C

Waldhütte Eichloch
Für 35 bis 40 Personen, im Wald, Zufahrt und Parkplätze, Holzherd, Strom, Wasser vom Brunnen, WC. Im Freien Feuerstelle mit Tischen und Bänken. Kein Feuerwerk!

Miete:
Fr. 100.–

Auskunft:
Vreni Gachnang-Joss
Moorschwand
8815 Horgenberg
Tel. 01 725 72 05

37 HORGEN   KARTE C

Waldhütte Forrenhalden
Für 25 Personen, im Wald, ab Parkplatz 200 m, Holzherd, Cheminée, Wasser vom Brunnen, ohne Licht. Kein Feuerwerk!

Miete: *Auskunft:*
Fr. 80.– Vreni Gachnang-Joss
          Moorschwand
          8815 Horgenberg
          Tel. 01 725 72 05

38 HUMLIKON   KARTE A

Waldhütte Humlikon
Für 12 Personen im Innenraum, für 25 Personen bei offener Waldhütte unter Vordach, Zufahrt, Parkplätze, Holzofen, Grillrost, ohne Strom und Wasser. Im Freien Tische, Bänke und Feuerstelle unter Dach.

Miete: *Auskunft:*
Fr. 80.– für Auswärtige   Armin Flacher
+ Holzverbrauch   8457 Humlikon
                              Tel. 052 317 15 77

39 ISLIKON   KARTE A

Schützenstube
Für 40 Personen, Fläche ca. 60 m^2, in Landwirtschaftszone, Zufahrt und Parkplätze, Küche, Geschirr, Wasser, Strom, Cheminée, WC.

Miete: *Auskunft:*
Fr. 190.–   Monica Gubler
             Äussere Stammerau 5
             8500 Frauenfeld
             Tel. 052 720 44 12
             E-Mail: wirt@schuetzen-islikon.ch

40 KLEINANDELFINGEN   KARTE A

Schiterberg Scheune
Für 100 Personen, Fläche 150 m², am Rebberg, Zufahrt nur für Materialfahrten, ab Parkplatz 5 Gehminuten, Strom 24 V, WC, Brunnen. Miete von zusätzlichen Tischen und Bänken möglich. Wein ab Rebberg, Miete Mai bis September.

Miete:
Auf Anfrage

Auskunft:
Gabi und Karl Sigg
Schaffhauserstrasse 13
8451 Kleinandelfingen
Tel. 052 317 37 17

41 KLOTEN   KARTE B

Blockhütte Schluefweg
Für 50 Personen, Parkplätze, mit Wasser, Strom, Cheminée, WC, Feuerstelle und Bänke im Freien.

Miete:
Fr. 150.– nur für Personen, die in
Kloten wohnen oder arbeiten.

Auskunft:
Liegenschaftenverwaltung
der Stadt Kloten
8302 Kloten
Tel. 01 815 12 49

42 KÜSNACHT   KARTE C

Forsthaus Küsnacht
Für 40 Personen, Fläche 60 m², im Wald, Zufahrt und Parkplätze, mit Küche, Geschirr, Abwaschmaschine, Wasser, Strom, Cheminée, Zentralheizung, Telefon, WC.

Miete:
Auf Anfrage

Auskunft:
Verena Engelberger
Schmalzgrueb
8127 Forch
Tel. 01 918 20 56

43 LANGNAU AM ALBIS   KARTE C

Waldhütte Im Boden
Für max. 40 Personen, Zufahrt für 1 Auto erlaubt, ab Parkplatz 1500 m, mit Küche, Geschirr, Kühlschrank mit Tiefkühlfach, Wasser, Cheminée, elektrische Heizung, Grill, WC, Projektionsleinwand. Keine Übernachtungen.

Miete:
Fr. 200.– April bis September
Fr. 250.– Oktober bis März
Sa und So nur für Einheimische

Auskunft:
Gemeindeverwaltung
8135 Langnau am Albis
Tel. 01 713 55 15

44 LUCKHAUSEN   KARTE B

Schützenhaus
Für 80 Personen, an der Strasse Luckhausen–Ottikon, in Wiese, Zufahrt und Parkplätze, mit Küche, Geschirr, Wasser, Strom, Cheminée, Grill, Heizung, WC. Getränkebezug.

Miete:
Fr. 150.– für Einheimische
für Auswärtige:
Fr. 200.– im Sommer
Fr. 250.– im Winter

Auskunft:
Ernst Bosshard
Kemptthalstrasse 76
8308 Illnau
Tel. 052 346 11 76

45 MAUR   KARTE C

Waldhütte Guldenen-Scheuren
Für 30 Personen, im Wald, Zufahrt und Parkplätze, mit Gaslicht, Holzherd, Wasser vom Brunnen, WC, ohne Strom.

Miete:
Fr. 75.–
Fr. 15.– für Batterielampen

Auskunft:
Heidy und Walter Fischer
Hans-Roelli-Strasse 32
8127 Forch
Tel. 01 980 04 70

46 MAUR
KARTE C

Waldhütte Stuhlen
Neues Blockhaus für 60 bis 70 Personen, Zufahrt, Parkplätze, mit Küche, Geschirr, Abwaschmaschine, Warmwasser, Musikanlage, WC, Feuerstelle im Freien. Blockhaus und WC sind rollstuhlgängig.

Miete:
Fr. 300.– inkl. Holz

Auskunft:
Ursi Trüeb
Stuhlen 27
8123 Ebmatingen
Tel. 01 980 01 58

47 MEILEN
KARTE C

Forsthaus Waldfrieden
Für 40 Personen, heimelige Holzerstube von 70 m^2, mit Licht, Wassertank. Holzherd, Holz, WC, Grill im Freien. Sonntag keine Vermietung, Sonntagsfahrverbot.

Miete:
Fr. 220.– Mo bis Do
Fr. 240.– Fr
Fr. 270.– Sa

Auskunft:
Bea Tritten
Sennhütte Toggwil
8706 Meilen
Tel. 01 923 12 50

48 NEFTENBACH
KARTE A

Schützenstube
Für 55 Personen, Fläche ca. 110 m^2, in Wiese, Zufahrt und Parkplätze, mit Küche, Geschirr, Warm- und Kaltwasser, Strom, Cheminée mit Grillrost, Telefon, WC. Anlass nur in Schützenstube erlaubt, nicht im Freien.

Miete:
Fr. 170.– für Einheimische
Fr. 270.– für Auswärtige

Auskunft:
Heinz Lörli
Zwischenweg 1
8413 Neftenbach
Tel. 052 315 10 13

49 NEUENHOF — KARTE B

Waldhaus
Für 50 Personen, Fläche 80 m², im Wald, Zufahrt und 10 bis 15 Parkplätze, mit Küche, Geschirr, Geschirrspüler, Cheminée, Elektroheizung, Wasser WC. Gedeckter und verglaster Sitzplatz für 40 Personen.

Miete:
Fr. 180.– für Einheimische
Fr. 260.– für Auswärtige
Fr. 30.– Depot

Auskunft:
Hans und Esther Klinger
Schiblerstrasse 3
5432 Neuenhof
Tel. 056 406 39 53

50 NEUHAUSEN AM RHEINFALL — KARTE A

Waldhütte Collinetta
Für 30 Personen, oberhalb Hüneracker, am Waldrand, Zufahrt und Parkplätze, mit Wasser, Strom, Cheminée mit Grillrost, Heizung, WC. Tische und Stühle für draussen vorhanden, Feuerstelle. Aufenthalt im Freien nur bis 22.00 Uhr gestattet.

Miete:
Fr. 100.– für Einheimische
Fr. 150.– für Auswärtige

Auskunft:
Bauverwaltung
8212 Neuhausen am Rheinfall
Tel. 052 674 22 48
Fax 052 674 22 67

51 NEUNKIRCH — KARTE A

Waldhütte Wasenhütte
Für 20 bis 25 Personen, im Wald, Zufahrt und Parkplätze, mit Holzofen, Garderobe. Im Freien Tische, Bänke, Feuerstelle.

Miete:
Fr. 50.– für Einheimische
Fr. 100.– für Auswärtige

Auskunft:
Hansueli Müller
Haldenhof 286
8213 Neunkirch
Tel. und Fax 052 681 12 58

52 NIEDERHASLI
KARTE B

Schützenstube Hecht
Für 40 Personen, in Wiese, Materialfahrten erlaubt, keine Zufahrt für Gäste, ab Parkplatz 2 Gehminuten, mit Küche, Geschirr, Backofen, Warmwasser, Cheminée, Rost. Heizung, Garderobe, WC.

Miete:
Fr. 150.– nur für Einheimische

Auskunft:
Willy Meier
Buchserstrasse 22 c
8155 Niederhasli-Nassenwil
Tel. 01 850 38 30

53 OBEREHRENDINGEN
KARTE B

Schützenstube Sackhölzli
Für 60 Personen, Fläche ca. 60 m^2, im Wald, Materialfahrten erlaubt, ab Parkplatz 150 m, mit Kochherd, Geschirr, Kühlschrank, Wasser, Cheminée, WC, Telefon.

Miete:
Für Einheimische auf Anfrage
Fr. 210.– für Auswärtige

Auskunft:
Heidi Müller
Langmattstrasse 5
5422 Oberehrendingen
Tel. 056 222 58 27

54 OBEREMBRACH
KARTE B

Waldhütte Wagenburg
Für 35 Personen, im Wald, Zufahrt und Parkplätze, mit Küche, Geschirr, Wasser, Strom, Heizung, WC.

Miete:
Fr. 80.– für Einheimische
Fr. 200.– für Auswärtige

Auskunft:
Gemeindeverwaltung
8425 Oberembrach
Tel. 01 866 26 00

55 OBERENGSTRINGEN   KARTE B

Altes Schützenhaus
Für 60 Personen, Fläche 65 m², zwischen den Hölzern, Parkplätze, mit Küche, Geschirr, Wasser, Strom, Cheminée, WC, Telefon.

Miete:
Fr. 140.– für Einheimische
Fr. 290.– für Auswärtige

Auskunft:
Gemeindeverwaltung
Zürcherstrasse 125
8102 Oberengstringen
Tel. 01 750 17 31

56 OBERGLATT   KARTE B

Schützenstube
Für 45 bis 50 Personen, Zufahrt und Parkplätze, mit Küche, Geschirr, Backofen, Geschirrspüler, Warmwasser, Heizung, Cheminée, fahrbarem Grill, Garderobe, WC.

Miete:
Fr. 200.– für Einheimische
Fr. 270.– für Auswärtige

Auskunft:
Tel. 01 850 36 88
bitte Durchsage abwarten

57 OBERHASLI   KARTE B

Schützenhaus Salen
Für 100 Personen, Fläche 100 m², am Waldrand, Zufahrt und Parkplätze, mit Küche, Geschirr, Backofen, Geschirrspüler, Cheminée, Grill, Warmwasser, Musikanlage, Heizung, Garderobe, WC. Miete von zusätzlichem Kühlschrank und Kaffeemaschine. Unterteilung für 70 Personen möglich.

Miete:
Fr. 250.– für Einheimische (Winter)
Fr. 200.– für Einheimische (Sommer)
Fr. 650.– für Auswärtige (Winter)
Fr. 600.– für Auswärtige (Sommer)

Auskunft:
Jürgen Umnus
Griessweg 3
8155 Niederhasli
Tel. 01 850 54 01
Handy 079 610 15 11

58 OBERRIEDEN
KARTE C

Pflanzschul-Waldhütte Stumpenhölzlimoos
Für ca. 24 Personen, Fläche 30 m^2, in Waldlichtung, Materialfahrten erlaubt, ab Parkplatz 3 Gehminuten, mit Gaslicht, Holzofen, WC, Wasser vom Brunnen. Feuerstelle im Freien.

Miete:
Fr. 90.–

Auskunft:
Dominique und Rolf Schwarzenbach
Oberhof
8815 Horgenberg
Tel. 01 725 55 52
E-Mail: pflanzschulhuette@gmx.ch

59 OBERWIL-LIELI
KARTE C

Waldhütte
Für 35 bis 40 Personen, Fläche 40 m^2, im Wald, Zufahrt und Parkplätze, mit Wasser, Strom, Holzofen, WC. Im Freien grosser, teilweise gedeckter Sitzplatz mit Feuerstelle.

Miete:
Fr. 120.–

Auskunft:
Gemeindekanzlei
8966 Oberwil-Lieli
Tel. 056 648 42 22
Fax 056 648 42 23

60 OBFELDEN
KARTE C

Schützenstube
Für 40 Personen, Fläche 60 m^2, am Waldrand, Zufahrt und Parkplätze, mit Küche, Geschirr, Kaffeemaschine, Warmwasser, Cheminée, Heizung, WC.

Miete:
Fr. 150.– für Einheimische
Fr. 250.– für Auswärtige
inkl. Reinigung

Auskunft:
Evelyn Meier
Friedmattstrasse 23
8906 Bonstetten
Tel. 01 700 39 16

61 OTTENBACH
KARTE C

Pontonierhaus
Für 30 Personen, an der Reuss, Zufahrt und Parkplätze bei der Reussbrücke, mit Küche, Geschirr, Geschirrspüler, Backofen, Warmwasser, Cheminée, Grillrost, Garderobe, WC. Im Freien Tische mit Bänken, Feuerstelle, Brunnen. Wanderwege im Naturschutzgebiet, Talfahrten mit Booten.

Miete:
Fr. 200.– für Einheimische
Fr. 300.– für Auswärtige

Auskunft:
Jolanda Sidler
Tannenweg 12
5630 Muri
Tel. 056 664 51 49

62 OTTENBACH
KARTE C

Schützenstube Joner Gom
Für 56 Personen, Fläche 60 m^2, in Wiese mit Ausblick zum Lindenberg, Zufahrt und Parkplätze, mit Küche, Geschirr, Geschirrspüler, Wasser, Warmluft-Cheminée, WC.

Miete:
Fr. 260.–

Auskunft:
Maya Espinal
Rigiblick 15
8913 Ottenbach
Tel. P 01 761 77 29
Tel. G 041 728 32 77

63 PFAFFHAUSEN
KARTE C

Offene Waldhütte Lohholz
für ca. 30 Personen, im Wald, Parkplätze beim Waldeingang, Cheminée, Holz, Kerzenlicht, ohne Strom, Wasser vom Brunnen. Gedeckter Vorplatz mit Tischen, Bänken, Aussengrill, im Sommer mit WC.

Miete:
Fr. 60.– für Einheimische
Fr. 80.– für Auswärtige

Auskunft:
Willi Maurer-Ochsner
Baumgartenstrasse 10
8118 Pfaffhausen
Tel. 01 825 40 40
E-Mail: maurer-ochsner@
bluewin.ch

64 PFUNGEN   KARTE B

Schützenhaus Grabistübli
Für 60 Personen, in Wiese, Zufahrt und Parkplätze, mit Küche, Geschirr, Backofen, Geschirrspüler, Warmwasser, Cheminée, Heizung, WC. Ausfahrten mit Pferdefuhrwerken.

Miete:
Fr. 150.– für Einheimische
Fr. 170.– für Auswärtige

Auskunft:
Eduard Juchli
Wellenbergstrasse 17
8422 Pfungen
Tel. 052 315 19 24

65 REGENSDORF   KARTE B

Waldhütte Gubrist
Für 25 Personen, im Wald bei der Glaubeneich, 1 Materialfahrt erlaubt, ab Parkplatz 15 Gehminuten, mit Strom, Wasser, Heizung, Holzofen, Cheminée, WC. Im Freien Brunnen. Kinderspielplatz.

Miete:
Fr. 150.–

Auskunft:
Peter Rieser, Förster
Buchenstrasse 99
8105 Regensdorf
Tel. 01 840 31 12
E-Mail: peter.rieser@freesurf.ch

66 RHEINAU   KARTE A

Waldhütte Jägerbrünnli
Für 30 Personen, Fläche 50 m^2, Materialfahrten erlaubt, keine Zufahrt für Gäste, ab Parkplatz 2 Gehminuten, mit Gaslicht, Cheminée, Grillrost, Heizung, Heizstrahler, WC. Im Freien Feuerstelle, Bänke und Brunnen.

Miete:
Fr.   75.– für Einheimische
Fr. 180.– für Auswärtige
plus Nebenkosten für Gas

Auskunft:
Gemeindeverwaltung
8462 Rheinau
Tel. 052 305 40 80
Fax 052 305 40 81

67 RICKEN
KARTE C

Jagdhütte Durschlagen
Für 16 Personen, Fläche ca. 30 m², am Waldrand, Zufahrt für Materialtransport erlaubt, 3 bis 5 Parkplätze 10 Gehminuten entfernt, mit Küche, Geschirr, Glaskeramikherd, Backofen, Kühlschrank, Wasser, Heizung, Schwedenofen, Garderobe, WC. Im Freien Tische, Bänke und Feuerstelle.

Miete:
Fr. 200.–

Auskunft:
Rolf Häring
Sonnenbergstrasse 71
8725 Gebertingen
Tel. 055 284 50 41
E-Mail: haeringr@access.ch

68 RIKON IM TÖSSTAL
KARTE B

Waldhütte Oberwald
Für 15 Personen, Fläche 30 m², im Wald, Strasse Zell–Oberwald–Turbenthal–Wildberg, ohne Zufahrt, ab Parkplatz 200 Meter, Cheminée, Wasser vom Brunnen, Feuerstelle im Freien.

Miete:
Fr. 60.–
Fr. 300.– Depot für Auswärtige

Auskunft:
Gemeinderatskanzlei Zell
8486 Rikon
Tel. 052 397 03 03
Fax 052 397 03 18

69 ROTTENSCHWIL
KARTE C

Schützenhaus Rütimatten
Für 40 bis 45 Personen, Fläche 40 m², am Waldrand, Zufahrt und Parkplätze, mit Küche, Backofen. Geschirr, Wasser, Holzofen, Heizung, Garderobe, WC. Im Freien Tische, Bänke und Feuerstelle.

Miete:
Fr. 180.–
inkl. Holz

Auskunft:
Guido und Ruth Abt
Zinslandstrasse 2
8919 Rottenschwil
Tel. 056 634 23 35

70 RUSSIKON KARTE B

Schützenhaus
Für 50 Personen, in Wiese, Zufahrt und Parkplätze, mit Anrichte und Spültrog, 2 elektrische Heizplatten, Gläser, Kalt- und Warmwasser, Bodenheizung, Cheminée, WC. Pergola für 50 Personen.

Miete:
Fr. 150.–

Auskunft:
Fritz Kündig
Wettsteinstrasse 8
8332 Russikon
Tel. 01 954 25 94, ab 18 Uhr

71 SCHNEISINGEN KARTE A

Schützenhaus
Für 40 Personen, Fläche 40 m^2, in Wiese, Zufahrt, mit Küche, Geschirr, Wasser, Elektro-Ofen, Cheminée, WC.

Miete:
Fr. 130.– für Einheimische
Fr. 160.– für Auswärtige

Auskunft:
Josef Meier
Lindetal 391
5425 Schneisingen
Tel. 056 241 10 80

72 SCHÖNENBERG KARTE C

Jagdhütte Säge
Für 60 Personen, Fläche ca. 60 m^2, Zufahrt und Parkplätze, mit Küche, Geschirr, Geschirrspüler, Wasser, Holzofen, Cheminée mit Grilleinsatz, Garderobe, WC. Im Freien 8 Tische und Bänke, Brunnen. 15 Schlafstellen.

Miete:
Fr. 220.–

Auskunft:
Ernst Rusterholz
Sägerei
8824 Schönenberg
Tel. und Fax 01 788 16 42

73 SEEGRÄBEN KARTE C

Waldschulhaus
Für 100 Personen, angebautes Vordach, in Waldlichtung, 4 Parkplätze für Materialfahrten, ab TCS-Parkplatz 10 Gehminuten, mit Strom, Kaltwasser und WC. Vermietung von April bis Oktober, ohne Feiertage.

Miete:
Fr. 100.– für Einheimische
Fr. 250.– für Auswärtige
Fr. 100.– Depot

Auskunft:
Gemeindeverwaltung
Rutschbergstrasse 383
8607 Seegräben
Tel. 01 932 10 44
E-Mail: gemeinde-seegraeben@bluewin.ch

74 SPREITENBACH KARTE B

Waldhütte Heitersberg
Für 40 Personen, im Wald, Zufahrt nur am Miettag erlaubt, 10 bis 15 Parkplätze, Küche mit Backofen, Kühlschrank, Geschirr, Geschirrspüler, Warmwasser, Cheminée mit Rost, Heizung, 2 sep. WC, Feuerstelle im Freien.

Miete:
Fr. 120.– für Einheimische
Fr. 200.– für Auswärtige
Fr. 100.– Depot

Auskunft:
Anny Kalt
Groppenackerstrasse 33
8957 Spreitenbach
Tel. 056 401 35 84

75 STADEL BEI WINTERTHUR KARTE A

Gussli-Haus
Für ca. 50 Personen, am Waldrand, Zufahrt und Parkplätze, Küche, Herd, Geschirr, Warmwasser, Cheminée, Ölofen, WC, Feuerstelle im Freien.

Miete:
Fr. 230.–
Fr. 120.– Reinigung auf Wunsch

Auskunft:
Stadt Winterthur
Liegenschaftenverwaltung
Lindstrasse 6
8402 Winterthur
Tel. 052 267 57 19
E-Mail: liegenschaften-verwaltung@win.ch

76 STEG IM TÖSSTAL   KARTE C

Skihütte Talstation Skilift Steg
Für 80 Personen, Fläche 108 m^2, ab Parkplatz 100 m, Zufahrt im Sommer und Winter möglich, heimeliger Holzausbau mit Licht, 14 Tischen und Bänken, Kaltwasser, Heizung, Abwaschtrog, WC im Nebengebäude.

Miete:
Fr. 120.– / 160.– für Einheimische
Fr. 160.– / 180.– für Auswärtige

Auskunft:
Annalise Baumann
Weidholzstrasse 8
8624 Grüt
Tel. 01 932 14 19
Fax 01 972 31 45

77 THALHEIM AN DER THUR   KARTE A

Altes Schützenhaus
Für 30 Personen, in Wiese, Zufahrt und Parkplätze, mit Gasrechaud, Stromgenerator, Cheminée, Wasser, WC, Feuerstelle im Freien.

Miete:
Fr. 100.– für Einheimische
Fr. 150.– für Auswärtige
Auf Wunsch mit Reinigung

Auskunft:
Maya Wiesendanger
Seuzacherstrasse 10
8474 Eschlikon-Dinhard
Tel. 052 336 12 77

78 THALWIL   KARTE C

Waldhütte Bannegg
Für 15 bis 20 Personen, Zufahrt für 1 Auto mit Bewilligung, ab Parkplatz ca. 10 Gehminuten, mit Holzherd zum Kochen und Heizen, Gaslicht, WC, ohne Strom und Wasser, Wasseranlieferung in 10-Liter-Kanistern. Im Freien Feuerstelle und Kugelgrill, Festbestuhlung für 25 bis 30 Personen.

Miete:
Fr. 80.–
Fr. 20.– Depot

Auskunft:
Alfons Derungs
Obstgartenstrasse 15
8136 Gattikon
Tel. 01 720 46 83 und
01 720 62 37

79 TRASADINGEN   KARTE A

Rüedi's Räbhüsli
Für 15 Personen, im Rebberg, Materialfahrten erlaubt, Parkplätze in der Nähe, einfach eingerichtet mit Petrollampen, Kachelofen, WC. Im Freien Tische, Bänke und Grillplatz. Auf Wunsch Zufahrt mit Ross und Wagen.

Miete:
Fr. 100.–
inkl. Reinigung

Auskunft:
Andres und Moni Rüedi-Horner
Im Zinggen 79
8219 Trasadingen
Tel. 052 681 43 04
Fax 052 681 43 05
E-Mail: rueedi1@bluewin.ch

80 TRUTTIKON   KARTE A

Schützenstube
Für 50 Personen, Fläche 60 m^2, am Waldrand, Zufahrt und Parkplätze, mit Kochherd, Geschirr, Wasser, Warmluft-Cheminée, Grillrost, Garderobe, Musikanlage, WC. Im Freien Tische und Bänke, Grill.

Miete:
Fr. 100.– für Einheimische
Fr. 180.– für Auswärtige

Auskunft:
Ernst Wägeli
Wiesenrainstrasse 11
8467 Truttikon
Tel. 052 317 19 25

81 UNTEREHRENDINGEN   KARTE B

Schützenhaus Ifängli
Für ca. 35 Personen, Fläche 53 m^2, in Wiese, Zufahrt und Parkplätze, mit Küche, Geschirr, Warmwasser, Warmluft-Cheminée, Grillrost, Heizung, Garderobe, WC.

Miete:
Fr. 190.–
Fr. 130.– für Vereine

Auskunft:
Vreni Roth
Grep 7
5424 Unterehrendingen
Tel. 056 222 74 57

82 URDORF
KARTE B

Waldhütte Asp
Für ca. 40 Personen, im Wald, Zufahrt für 2 Auto und Materialfahrten erlaubt, ab Parkplatz Weihermatt 20 Gehminuten, mit Küche, Gasrechaud, Geschirr, Strom, Cheminée, Grillrost, Holzofen-Heizung, Garderobe, WC, Wasser vom Brunnen. Im Freien Tische und Bänke, Feuerstelle.

Miete: *Auskunft:*
Fr. 200.– Hans-Ulrich Gurtner
Uetlibergweg 71
8902 Urdorf
Tel. und Fax 01 734 27 42
oder Tel. 01 734 05 87

83 USTER
KARTE C

Schützenstube
Für 50 bis 80 Personen, Fläche ca. 90 m^2, Zufahrt und Parkplatz, lärmunempfindlich, mit Buffet, Rechaud, Geschirr, Geschirrspüler, Kaffeeautomat, Kühlbuffet, Musikanlage, Heizung, WC.

Miete: *Auskunft:*
Fr. 300.– Liegenschaften-Verwaltung
Fr. 50.– für Heizkosten 8610 Uster
Fr. 30.– für Musikanlage Tel. 01 944 72 36
Fr. 20.– für Kaffeeautomat
Fr. 20.– für Entsorgung

84 USTER
KARTE C

Waldhütte Im Näniker Hard
Für 25 bis 35 Personen, im Wald, Zufahrt und Parkplätze, mit Kerzenlicht, Cheminée, Wasser vom Brunnen, WC, Feuerstelle mit Rost im Freien. Miete von Gaslampen möglich.

Miete: *Auskunft:*
Fr. 130.– für Einheimische Stadtverwaltung
Fr. 160.– für Auswärtige Vermietung Waldhütte
8610 Uster
Tel. 01 942 00 18

85 VOLKETSWIL KARTE B

Forsthaus Brugglen
Für 36 Personen, im Wald, Zufahrt und Parkplätze, mit Holzkochherd, Gaslicht, Wasser vom Brunnen, WC, gedeckte Grillstelle.

Miete:
Fr. 120.–

Auskunft:
M. und E. Schneiter-Fehr
zur Brugglen
8604 Volketswil
Tel. 01 945 46 02

86 WATT BEI REGENSDORF KARTE B

Rebhaus
Für 54 Personen, zwischen Waldrand und Rebberg, Parkplatz Weitestrasse, zu Fuss 10 bis 15 Minuten. Küche, 2 Elektroherdplatten, Kühlschrank, Gläser, Warmwasser, Strom, Holzheizung. Brunnen mit Trinkwasser.

Miete:
Fr. 150.–
offen 15. März –15. Dezember
Auf Wunsch mit Reinigung

Auskunft:
Marianne und Willi Zollinger
Dorfstrasse 113
8105 Watt
Tel. 01 840 42 12
Fax 01 840 43 82

87 WERNETSHAUSEN KARTE C

Schützenhaus
Für 35 bis 40 Personen, Zufahrt für 3 Autos erlaubt, Parkplätze beim Schulhaus, mit Küche, Gaskochherd, Backofen, Geschirr, Wasser, Cheminée, WC. Gedeckter Sitzplatz mit Grill.

Miete:
Fr. 200.–
Fr. 50.– Depot

Auskunft:
Rosmarie Reimprecht
Gartenstrasse 5
8630 Rüti
Tel. 055 240 69 23

88 WETTSWIL AM ALBIS   KARTE C

Schützenstube Grütmatt
Für 50 Personen, am Waldrand, Zufahrt und Parkplätze, mit Küche, Geschirr, Wasser, Strom, WC.

Miete:
Fr. 130.– nur für Einheimische

Auskunft:
Gemeindeverwaltung
8907 Wettswil am Albis
Tel. 01 700 00 67

89 WIESENDANGEN   KARTE A

Waldhütte Eggwald
Für ca. 50 Personen, im Wald, Parkplatz in der Nähe, mit kleiner Küche, Geschirr, Abwaschmaschine, Strom, Wasser, Cheminée, Heizung, Garderobe, WC. Im Freien gedeckte Feuerstelle mit Grill. Waldlehrpfad.

Miete:
Fr. 200.–

Auskunft:
Familie Hans Johler
Hohrain
8542 Wiesendangen
Tel. 052 337 15 81

90 WILCHINGEN   KARTE A

Waldhütte Cholplatz
Für 35 Personen, im Wald, Zufahrt und genügend Parkplätze, mit Gaslicht, Holzkochherd, je 1 Cheminée in Waldhütte und Vorraum, Grillrost, WC, ohne Wasser und Strom. Im Freien Tische, Bänke und Feuerstelle.

Miete:
Fr. 120.– für Auswärtige

Auskunft:
Alexander Heer
Dickistrasse 485
8217 Wilchingen
Tel. 052 681 10 05

91 WILCHINGEN   KARTE A

Waldhütte Hanfgarten
Für 15 bis 25 Personen, im Wald, Zufahrt und Parkplätze, mit Gaslampen, Holzofen-Heizung, ohne Wasser und Strom. Gedeckter Sitzplatz mit Feuerstelle. Am Wanderweg zum Aussichtspunkt übers Klettgau, 20 Min.

Miete:
Fr. 60.– für Auswärtige

Auskunft:
Alexander Heer
Dickistrasse 485
8217 Wilchingen
Tel. 052 681 10 05

92 WILCHINGEN   KARTE A

Waldhütte Oberholz
Für 20 Personen, am Waldrand, Zufahrt und Parkplätze, mit Petrollampe, Holzofen-Heizung, ohne Wasser und Strom, Vorraum mit Bänken, im Freien Feuerstelle.

Miete:
Fr. 60.– für Auswärtige

Auskunft:
Alexander Heer
Dickistrasse 485
8217 Wilchingen
Tel. 052 681 10 05

93 WINKEL   KARTE B

Schützenstube
Für 60 Personen, am Waldrand, Zufahrt und Parkplätze, mit Küche, Geschirr, Wasser, Strom, Cheminée, WC, Rasenplatz für Grill.

Miete:
Fr. 200.– für Einheimische
Fr. 450.– für Auswärtige
Fr. 250.– Depot

Auskunft:
Laura Egger
8185 Winkel
Tel. 01 862 04 48

Arja Bolliger
8185 Winkel
Tel. 01 861 03 97

94 WINKEL

KARTE B

Waldhütte Chuchi
Für 10 Personen, Fläche 12 m^2, am Waldrand, Zufahrt und Parkplatz nur mit Bewilligung, mit Cheminée in der Hütte und Feuerstelle im Freien.

Miete:
Fr. 20.– für Einheimische
Fr. 50.– für Auswärtige
Fr. 20.– Holzverbrauch
Fr. 100.– Depot

Auskunft:
Gemeindeverwaltung
8185 Winkel
Tel. 01 860 26 01

95 WINTERTHUR

KARTE B

Gatterhütte im Eschenberg
Für 35 Personen, im Wald, Parkplatz bei der Hütte, Küche mit Kochherd, Backofen, Kühlschrank, Geschirr, Wasser, Holzofen-Heizung, WC. Im Freien Sitzplatz mit Feuerstelle und Grill.

Miete:
Fr. 160.– Mo bis Do
Fr. 195.– Fr bis So
inkl. Brennholz
Auf Wunsch mit Reinigung

Auskunft:
Forstbetrieb der Stadt Winterthur
Lindstrasse 6
8402 Winterthur
Tel. 052 267 57 22

96 WINTERTHUR

KARTE A

Walcheweiher-Hütte im Lindberg
Für 30 Personen, im Wald, ab Parkplatz 400 m, offene Hütte mit Naturboden, Feueranlage mit Rauchabzug unter Dach, Bänke, Wasser vom Brunnen.

Miete:
Fr. 75.–
inkl. Brennholz

Auskunft:
Forstbetrieb der Stadt Winterthur
Lindstrasse 6
8402 Winterthur
Tel. 052 267 57 22

97 ZUMIKON — KARTE C

Pfadiheim Tobelvilla
Für 30 Personen, am Mülitobelweg, im Wald, Materialfahrten erlaubt, Parkplätze im Dorf, verschiedene Räume, mit Küche, Geschirr, Backofen, Warmwasser, Strom, Heizung, WC, 30 Schlafplätze. Im Freien Tische und Bänke, Feuerstelle.

Miete:
Fr. 170.– für Jugendliche
Fr. 190.– für Erwachsene
Fr.   50.– pro Übernachtung

Auskunft:
Tejic Gordana
Thesenacher 40
8126 Zumikon
Tel. 01 919 04 71
Handy 076 587 89 99

98 ZUMIKON — KARTE C

Schützenstube
Für 40 bis 50 Personen, in Wiese, Zufahrt und Parkplätze, mit Küche, Geschirr, Geschirrspüler, Kaffeemaschine, Wasser, Cheminée, Heizung, WC.

Miete:
Fr. 200.– für Einheimische
Fr. 300.– für Auswärtige
exkl. Strom und Wasser

Auskunft:
Ursula Müller
In der Gand-Strasse 12
Postfach 151
8126 Zumikon
Tel. 01 918 09 67

99 ZÜRICH-ADLISBERG — KARTE C

Offenes Waldhüsli
Für 50 Personen, in Waldlichtung, Materialfahrten erlaubt, Zufahrt nur mit Bewilligung, mit Feuerstellen und Brunnen. (Nur der offene Teil wird vermietet.)

Miete:
Fr. 100.–

Auskunft:
Amt für Landschaft und Natur
Abt. Wald
Kaspar-Escher-Haus
8090 Zürich
Tel. 01 259 27 50
Fax 01 259 51 25

100 ZÜRICH-ALTSTETTEN — KARTE B

Forsthaus Frauenmatt
Mit 2 Räumen für 10 und 50 Personen, Zufahrt für Materialtransport mit 2 Autos erlaubt, ab Parkplatz 15 Gehminuten, 2-Platten-Rechaud mit Pfannen, Cheminée, Grillrost, Wasser, Strom, Heizung, WC. Im Freien ca. 60 Sitzplätze, 2 Feuerstellen.

Miete:
Fr. 250.– beide Räume
Fr. 150.– Depot

Auskunft:
Holzkorporation Altstetten
Konrad Meier
Dachslernstrasse 188
8048 Zürich
Tel. 01 432 04 40

101 ZÜRICH-SCHWAMENDINGEN — KARTE B

Waldhütte
Für 20 Personen, beim Rest. Ziegelhütte, mit Holzheizung, Kerzenlicht, Brunnen.

Miete:
Fr. 130.–

Auskunft:
Peter-Transport AG
Friedrichstrasse 29
8051 Zürich
Tel. 01 322 88 00
Fax 01 322 61 51

102 ZÜRICH-ZÜRIBERG — KARTE B

Pavillon Waldwiese
für 30 bis 70 Personen, Fläche 114 m^2, am Waldrand, Parkplätze, Zufahrt für 2 bis 3 Autos, mit Küche, Geschirr, Heizung, Strom, Wasser, WC. Im Freien Tische und Bänke, Feuerstelle, Brunnen, Platz für Partyzelt, Rauchen nur im Freien, keine Hunde, keine laute Musik ab 22.00 Uhr.

Miete:
Fr. 250.– bis Fr. 470.–

Auskunft:
Sauna Sonnenbad, Kasse
Tobelhofstrasse 21
8044 Zürich
Tel. 01 252 49 16 (10–21 Uhr)

25 originelle Partylokale

BACHS

Bauernhof «Buurebeiz Talgarten»
Für 60 Personen, Fläche 60 m^2, Zufahrt und genügend Parkplätze, mit Küche, Backofen, Geschirr, Geschirrspüler, Musikanlage, Garderobe, WC. Im Freien Tische und Bänke, Brunnen. Massenlager, eigene Produkte vom Bauernhof.

Miete:
Auf Anfrage

Auskunft:
R. und W. Erb-Graf
Huebhof 8
8164 Bachs
Tel. und Fax 01 858 04 83
E-Mail: erb.huebhof@bluewin.ch

BÜLACH

Rathauskeller, Gewölbekeller
Für 100 Personen, in der Altstadt, Parkplätze in der Nähe, mit Küche, Warmwasser, Backofen, Heizung, Garderobe, WC.

Miete:
Fr. 200.– für Einheimische und Vereine
Fr. 300.– für Auswärtige
Fr. 400.– für kommerzielle Anlässe
Fr.   50.– WC-Benützung

Auskunft:
Stadt Bülach
Allmendstrasse 8
8180 Bülach
Tel. 01 860 56 02
E-Mail: guenther-prassl@buelach.ch

DACHSEN

Riethof Stallstube
Für 90 Personen, Zufahrt und Parkplätze, mit Küche, Backofen, Geschirr, Geschirrspüler, Cheminée, Grill, Bodenheizung, Musikanlage. Teilweise gedeckter Sitzplatz. Schlafen im Stroh, Kutschenfahrten, Wein ab Rebberg, Bootsfahrt zum Rheinfall, Plauschgolf.

Miete:
Fr. 325.– nur mit hofeigenem Party-Service

Auskunft:
Maya und Robert Rubli
Riethof Stallstube
8447 Dachsen
Tel. 052 659 64 40
Fax 052 659 10 28

EGLISAU

Rustikaler Party-Raum «zum Tröpflichäller»
Für ca. 50 Personen, Fläche 40 m^2, Nähe Rebberge, Parkplätze, mit Geschirr, Heizung, Musikanlage, Garderobe, WC, im Freien Grillrost. Kutschen- und Weidlingsfahrten, Weindegustation.

Miete:
Gratis mit Weinbezug und Party-Service
Fr. 100.– Reinigung, Abwaschen, Heizung

Auskunft:
Familie Heinz Gantner-Binkert
Wilerstrasse 18
8193 Eglisau
Tel. 01 867 21 05
Handy 079 317 52 26

FORCH

Wettsteinhaus, altes renoviertes Bauernhaus
Stube für ca. 30 Personen, Stall für ca. 50 Personen, Zufahrt, Parkplätze in der Nähe, mit Küche, Wasser, Strom, Heizung, WC. Keine lauten Feste.

Miete:
Stube oder Stall, je
Fr. 200.– für Einheimische
Fr. 230.– für Auswärtige
Stube und Stall
Fr. 280.– für Einheimische
Fr. 300.– für Auswärtige

Auskunft:
Chantal Lerch
Im Brünneli 15
8127 Forch

Tel. 01 980 24 63

GOSSAU

Stöckli
Für 50 Personen, Fläche 130 m^2, im Dorf, Zufahrt und Parkplätze, mit Kochnische, Geschirr, Geschirrspüler, Stehbar, Heizung, Garderobe, Musikanlage, WC. Im Freien Tische und Bänke, Grill. Billardtisch, Jöggelikasten, Spiele, Tanzfläche mit Lichtanlage.

Miete:
Fr. 150.–

Auskunft:
Ralph Scheidegger
Postfach 721
8029 Zürich
Tel. 01 383 76 42
Fax 01 383 73 28

GREIFENSEE

Wintertaugliche Blockhütte mit Zeltdach
Für 20 bis 80 Personen, im Freizeitpark, ab Parkplatz ca. 5 Gehminuten, mit kleiner Küche, Wasser, Strom, Cheminée, WC, Feuerstelle im Freien. Mietreduktion bei Konsumation aus dem Restaurant.

Miete:
Fr. 130.– Mo bis Do
Fr. 190.– Fr bis So

Auskunft:
Freizeit- & Sportzentrum Migros
8606 Greifensee
Tel. 01 941 79 79
Fax 01 941 78 78

HALLAU

Tuffstein-Gewölbekeller
Für max. 84 Personen, im Dorf, Zufahrt und Parkplätze, mit kleiner Küche, Geschirr, Geschirrspüler, Heizung, WC.

Miete:
Auf Anfrage

Auskunft:
Volg Weinkellereien
Alex Fotsch
Bergstrasse
8215 Hallau
Tel. 052 681 38 52
E-Mail: heidi.zust@volgweine.ch

HEDINGEN

Schrinerwinde
Für 50 Personen, Fläche 120 m^2, Holzausbau, im Industriequartier, Zufahrt, 50 Parkplätze, mit Küche, Warmwasser, Geschirr, Holzbackofen, Geschirrspüler, Cheminée, Heizung, Musikanlage, Garderobe, WC.

Miete:
Fr. 325.–

Auskunft:
Vreni Girardi
Arthur Girardi AG
8908 Hedingen
Tel. 01 761 62 35
Fax 01 761 38 72

HORGEN

Party-Haus Seegüetli
Für max. 50 Personen, am See, Zufahrt und Parkplätze, mit Küche, Geschirr, Kühlschrank, Kaffeemaschine, WC. In Wiese Gartentische und Stühle, Badegelegenheit.

Miete:
Fr. 250.– 1. Januar bis 30. April
Fr. 450.– 1. Mai bis 31. Dezember
Fr. 1.50 Geschirrmiete pro Person
Fr. 30.– Reinigung pro Stunde

Auskunft:
Familie W. Schweizer
Party-Haus Seegüetli
Strandbadstrasse 15
8810 Horgen
Tel. 01 725 19 66

MÖNCHALTORF

Stella's Lunch Box
Für 80 Personen, Fläche 150 m^2, am Waldrand, Zufahrt, 30 Parkplätze, mit Küche, Backofen, Geschirr, Geschirrspüler, Grill, Heizung, Musikanlage, WC. Im Freien Tische und Bänke, Spielplatz. Rollstuhlgängig.

Miete:
Fr. 450.–
inkl. Endreinigung

Auskunft:
Party-Service Thomas Gmür
Isenrietstrasse 3
8617 Mönchaltorf
Tel. 01 994 90 77
E-Mail: info@lunchbox.ch

OBERHASLI

Party-Raum «Nostalgisches Musikparadies»
Für 60 Personen, Fläche 100 m^2, im Dorf, Zufahrt und Parkplätze, keine Kochgelegenheit, mit Geschirr komplett für 60 Gedecke, Kühlschrank, Garderobe, Heizung, WC. Führungen durch das Musikparadies.

Miete:
Preis auf Anfrage

Auskunft:
A. Kessler
Rütisbergstrasse 12
8156 Oberhasli
Tel. 01 850 49 71 oder
01 833 43 01
Fax 01 833 43 02

OBERWENINGEN

Ross-Stall
Für 60 Personen, beim Gemeindehaus, heimeliger, rustikaler Saal im Dachgeschoss des ehemaligen Ross-Stalles, Parkplätze in der Nähe, Küche mit Geschirr und Geschirrspüler, Heizung, WC.

Miete:
Fr. 150.– für Einheimische
Fr. 450.– für Auswärtige

Auskunft:
Gemeindeverwaltung
Dorfstrasse 6
8165 Oberweningen
Tel. 01 857 10 10

RICHTERSWIL

Wein- und Kulturkeller
Für 40 bis 80 Personen, Fläche ca. 35 m^2, Zufahrt und Materialfahrten erlaubt, Parkplätze im Dorf, mit Warmwasser, Heizung, Stehbar, WC. Bühne mit Beleuchtung, Geschirr-Miete, Catering durch Vermieter, Wein- und Käsedegustation.

Miete:
Fr. 160.–
inkl. Heizung und Lüftung

Auskunft:
Christine und Hans Preisig
Steingasse 1
8805 Richterswil
Tel. 01 784 00 76

RORBAS

Chüefers Moschti und Wy-Stübli am Bach
Für 45 Personen, am Waldrand, Zufahrt und ca. 30 Parkplätze, mit Küche, Geschirr, Geschirrspüler, Backofen, Warmwasser, Heizung, Stehbar, Bartheke mit Hocker, Garderobe, WC. Im Freien Tische, Bänke, 2 Feuerstellen und Brunnen. Kutschenfahrten.

Miete:
Fr. 350.–
Fr. 250.– komplette Reinigung

Auskunft:
Küferei Walter Schneider
Weiacherstrasse 6
8427 Rorbas
Tel. 01 865 02 46
Handy 079 634 88 24

SIHLWALD

Club-Haus Züri Leu
Für 35 Personen, am Waldrand, Zufahrt und ca. 10 Parkplätze, mit Küche, Wasser, Strom, Garderobe, WC.

Miete:
Fr. 150.–
Nur mit Party-Service

Auskunft:
Jenny Landis
Sihltalstrasse 75
8135 Langnau
Tel. 01 713 02 59
Fax 01 713 02 67
E-Mail: j.landis@smile.ch

STEINMAUR

Burgwegkeller
Für 40 Personen, Fläche 65 m^2, im Dorf, Zufahrt, 30 Parkplätze, mit Küche, Geschirr, Geschirrspüler, Backofen, Heizung, Garderobe, WC. Kutschenfahrten und Weindegustation.

Miete:
Fr. 350.–

Auskunft:
Ch. Hager Gourmet
Catering + Vinothek
Burgweg 4 b
8162 Steinmaur
Tel. 01 853 48 28

STEINMAUR

Grotto und Paradiesgärtli im Steinbruch
Grotto für 30 Personen, Paradiesgärtli für 80 Personen, mit Küche, Geschirr, Geschirrspüler, Heizung, Musikanlage, Cheminée mit Grilleinsatz, WC. Im Freien Tische, Bänke und Feuerstelle. Führungen im Steinbruch. Vermietung: Grotto ganzes Jahr, Paradiesgärtli Mai bis September.

Miete:
Fr. 250.– Grotto
Fr. 10.– pro Person Paradiesgärtli

Auskunft:
Christoph Hager
Sägestrasse 1
8162 Steinmaur
Tel. 01 854 18 37
Handy 076 345 18 37

TEUFEN

Party-Keller
Für 60 Personen, Fläche 75 m^2, oberhalb des Dorfes, Zufahrt und Parkplätze, mit Küche, Geschirr, Grillrost, Heizung, Sitzbar, rollstuhlgängiges WC. Feuerstelle mit Grillrost und Brunnen. Wein ab Rebberg, Wagenfahrten, Schlafen im Stroh.

Miete:
Mit Party-Service gratis

Auskunft:
Walter und Ruth Lienhard
Dorfstrasse 5
8428 Teufen
Tel. 01 865 06 86
E-Mail: lienhard@partykeller.ch

TRASADINGEN

Rüedi-Schüür
Für 70 Personen, Fläche 65 m^2, Zufahrt und Parkplätze, mit Küche, Geschirr, Geschirrspüler, Backofen, Warmwasser, Heizung, WC, rollstuhlgängig. Apéro unter dem Kastanienbaum! 40 Schlafstellen in Weinfässern.

Miete:
Fr. 300.–
inkl. Reinigung, Geschirrmiete

Auskunft:
Andres und Moni Rüedi-Horner
Im Zinggen 79
8219 Trasadingen
Tel. 052 681 43 04
E-Mail: rueedi1@bluewin.ch

UERIKON BEI STÄFA

Rütihof-Schüür
Für 70 Personen, im Rebberg, Zufahrt für Anlieferungen, Parkplätze in der Nähe, Vorbereitungsraum, Anrichte, Spültrog, Geschirr, Geschirrspüler, Heizung, Stehbar, WC. Im Freien Tische, Bänke und Grill. Apéro und Weindegustation ab Weingut, Führungen durch den Rebberg.

Miete:
Auf Anfrage

Auskunft:
Familie Hansueli Hasler
Weingut Rütihof
8713 Uerikon bei Stäfa
Tel. 01 926 37 54

WÄDENSWIL

Haus zur Sonne
Mit je 1 Saal für 30 und 40 Personen, Nähe Schiffsteg, Parkplätze, mit Küche, Geschirr, Geschirrspüler, Heizung, Garderobe, Telefon, WC.

Miete:	*Auskunft:*
Fr. 60.– pro Saal für Einheimische	Frau Vreni Reichen
Fr. 60.– Küchenbenützung	Trubengass 7
Fr. 120.– pro Saal für Auswärtige	8820 Wädenswil
Fr. 80.– Küchenbenützung	Handy 079 222 59 20
Fr. 20.– Heizung, Reinigung	

WASTERKINGEN

Dorfhaus
Für 200 Personen, im Dorf, Parkplätze, mit Küche, Geschirr-Miete, WC.

Miete:	*Auskunft:*
Fr. 250.– für Einheimische	Margrit Spühler-Hurni
Fr. 150.– Küche mit Kochherd	Ausserdorfstrasse 9
Fr. 100.– Küche ohne Kochherd	8195 Wasterkingen
Fr. 600.– für Auswärtige	Tel. 01 869 05 02
Fr. 300.– Küche mit Kochherd	
Fr. 200.– Küche ohne Kochherd	
Fr. 50.–/100.– für Bühne	

WATT BEI REGENSDORF

Gewölbekeller Gwölb
Für 100 Personen, Fläche 90 m^2, in Bauernhaus, Zufahrt und ca. 70 Parkplätze, mit Küche, Geschirr, Geschirrspüler, Backofen, Heizung, Musikanlage, Garderobe, Bar, WC. Im Freien Festbestuhlung. In der Tenne Apéro für 150 Personen möglich. Rebbergfahrten, hofeigener Party-Service.

Miete:	*Auskunft:*
Fr. 450.–	Anita und Karl Wegmüller
Fr. 200.– für Küche	Niederhaslistrasse 119
	8105 Watt
	Tel. 01 840 53 96
	E-Mail info@gwoelb.ch

WIL IM RAFZERFELD

Zum Wygade
Für 30 bis 100 Personen, Fläche 100 m², Bauernhaus im Dorf, Zufahrt, Parkplätze, Küche, Geschirr, Heizung, Strom, Wasser, Garderobe, Stehbar, WC. Pergola im Obstgarten mit Tischen, Bänken und Grillstelle. Bezug von eigenem Wein.

Miete:
Fr. 150.–
+ Reinigung nach Aufwand

Auskunft:
Hansruedi & Maya Neukom-Kern
Dorfstrasse 44
8196 Wil
Tel. 01 869 18 55
Handy 079 642 92 26

A WINTERTHUR

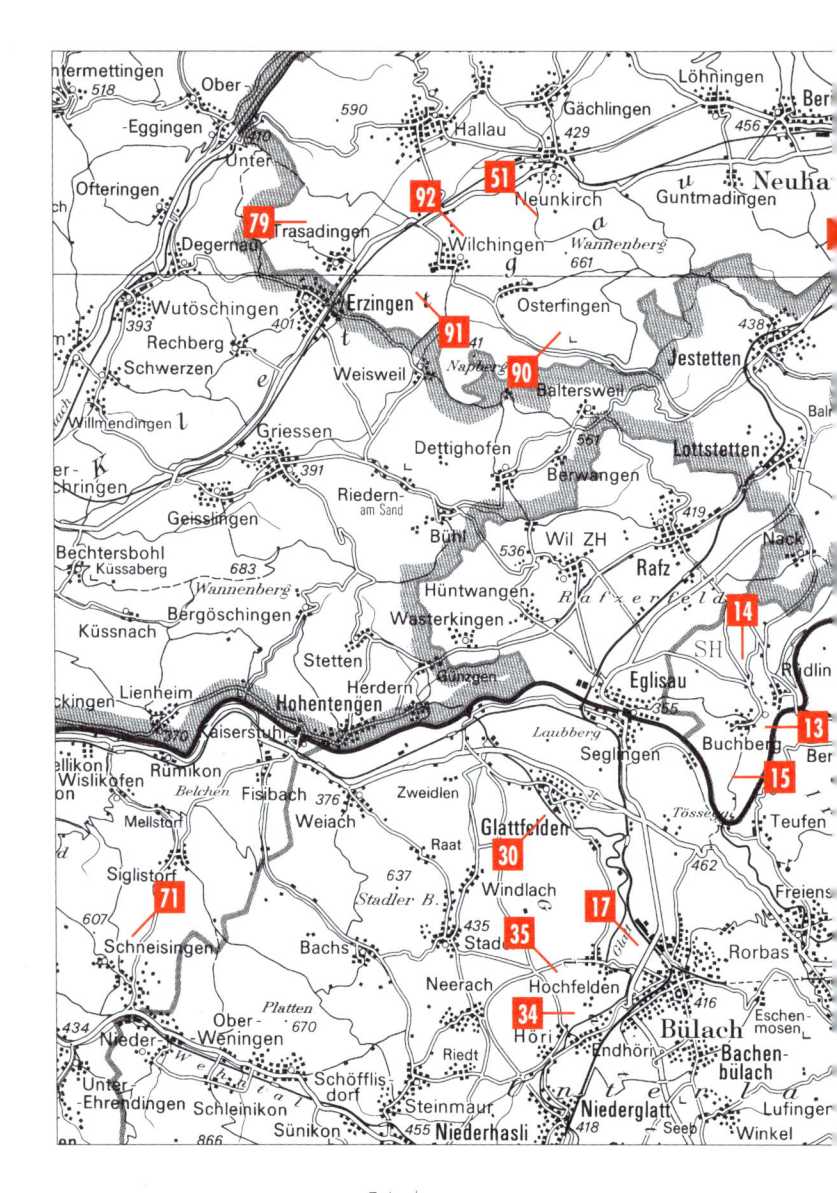

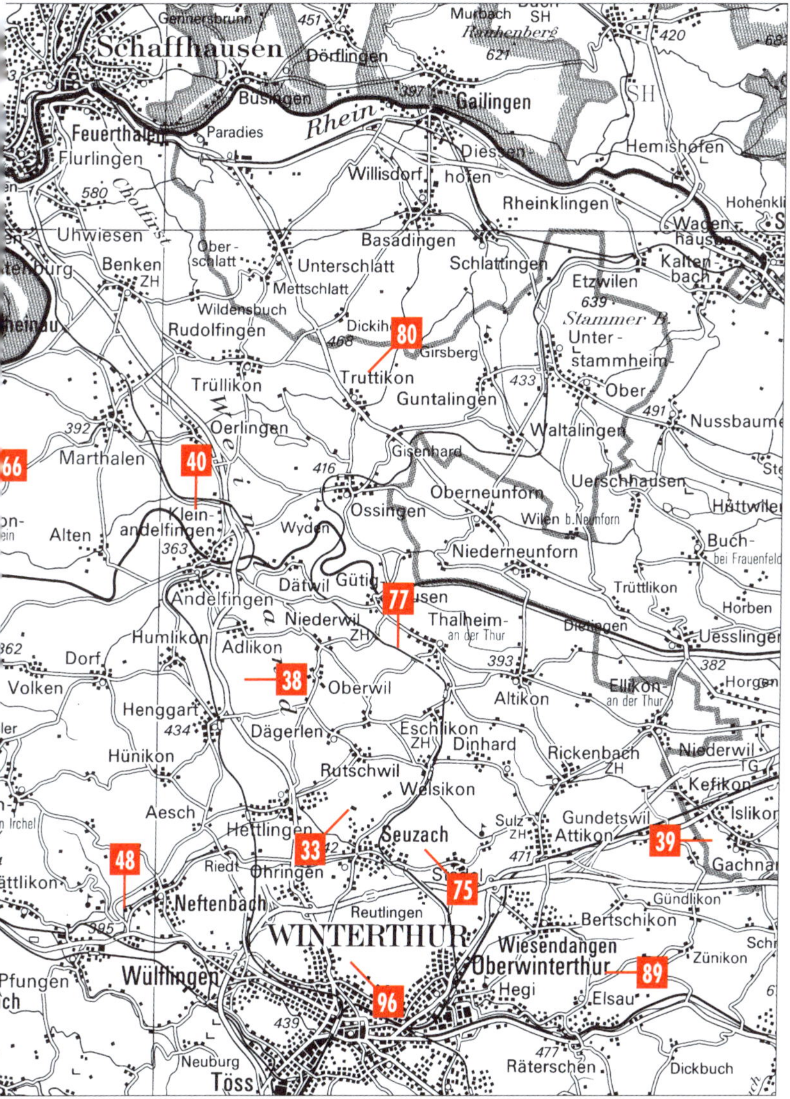
Schaffhausen
Gennersbrunn
Dörflingen
Murbach
SH
621
451
420
Büsingen
Gailingen
397
Rhein
Feuerthalen
Paradies
Flurlingen
Diessenhofen
Willisdorf
Hemishofen
580
Cholfirst
Rheinklingen
Hohenklingen
Uhwiesen
Ober-
schlatt
Basadingen
Wagenhausen
Benken
ZH
Unterschlatt
Schlattingen
Kaltenbach
Mettschlatt
Etzwilen
Wildensbuch
639
Stammer B.
Rudolfingen
Girsberg
468
Unter-
stammheim
80
Truttikon
Trüllikon
433
Guntalingen
Ober-
491
Nussbaumen
392
Oerlingen
Waltalingen
Gisenhard
Marthalen
66
40
416
Uerschhausen
Oberneunforn
Hüttwilen
Ossingen
Klein-
andelfingen
Wyden
Wilen b.Neunforn
Alten
Buch-
bei Frauenfeld
363
Niederneunforn
Dätwil
Gütighausen
Andelfingen
77
Trüttlikon
Horben
Niederwil
ZH
Thalheim-
an der Thur
Humlikon
Uesslingen
Adlikon
393
382
Dorf
Volken
38
Oberwil
Ellikon-
an der Thur
Altikon
Henggart
Eschlikon
ZH
434
Dägerlen
Dinhard
Niederwil
TG
Rickenbach
ZH
Hünikon
Kefikon
Rutschwil
Welsikon
Aesch
Gundetswil
Islikon
Sulz
ZH
Attikon
Hettlingen
39
Seuzach
471
33
48
Riedt
Ohringen
Gachnang
75
Neftenbach
Gündlikon
Reutlingen
Bertschikon
395
WINTERTHUR
Wiesendangen
Zünikon
Oberwinterthur
89
Pfungen
Wülflingen
Hegi
Elsau
96
439
477
Neuburg
Räterschen
Dickbuch
Töss

B ZÜRICH NORD

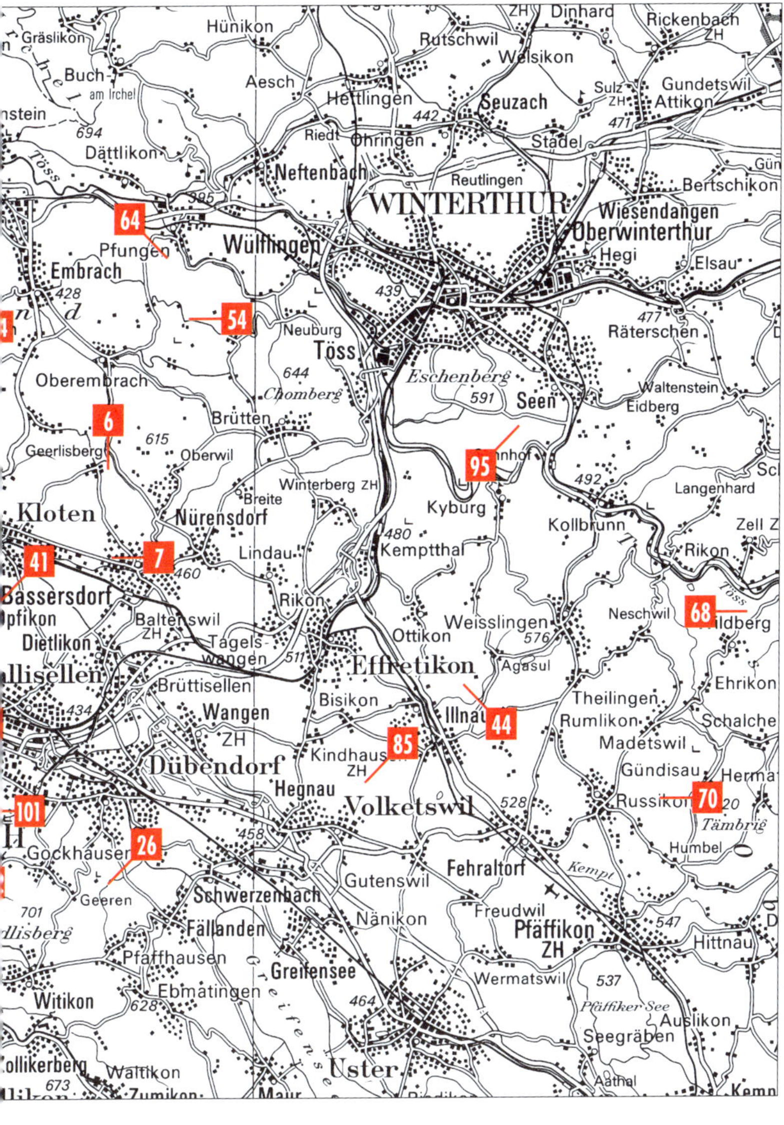
Hünikon
Rutschwil
Dinhard
Rickenbach ZH
Gräslikon
Welsikon
Buch-am Irchel
Aesch
Hettlingen
Seuzach
Sulz ZH
Gundetswil
Attikon
Dättlikon
Riedt
Ohringen
Stadel
Neftenbach
Reutlingen
Bertschikon
WINTERTHUR
Wiesendangen
Oberwinterthur
Pfungen
Wülflingen
Hegi
Elsau
Embrach
Räterschen
Neuburg
Töss
Eschenberg
Oberembrach
Chomberg
Seen
Waltenstein
Eidberg
Brütten
Geerlisberg
Oberwil
Langenhard
Winterberg ZH
Breite
Kyburg
Kloten
Nürensdorf
Kollbrunn
Kemptthal
Lindau
Rikon
Bassersdorf
Opfikon
Baltenswil ZH
Rikon
Neschwil
Dietlikon
Tagelswangen
Weisslingen
Ottikon
Effretikon
Agasul
Brüttisellen
Bisikon
Ehrikon
Wangen ZH
Illnau
Theilingen
Rumlikon
Schalche
Madetswil
Dübendorf
Kindhausen ZH
Gündisau
Hegnau
Volketswil
Russikon
Tämbrig
Gockhausen
Humbel
Fehraltorf
Gutenswil
Geeren
Schwerzenbach
Freudwil
Fällanden
Nänikon
Pfäffikon ZH
Hittnau
Pfaffhausen
Greifensee
Wermatswil
Witikon
Ebmatingen
Pfäffiker See
Auslikon
Seegräben
Zollikerberg
Waltikon
Uster
Aathal
64
54
6
95
41
7
68
44
85
70
101
26

C ZÜRICH SÜD

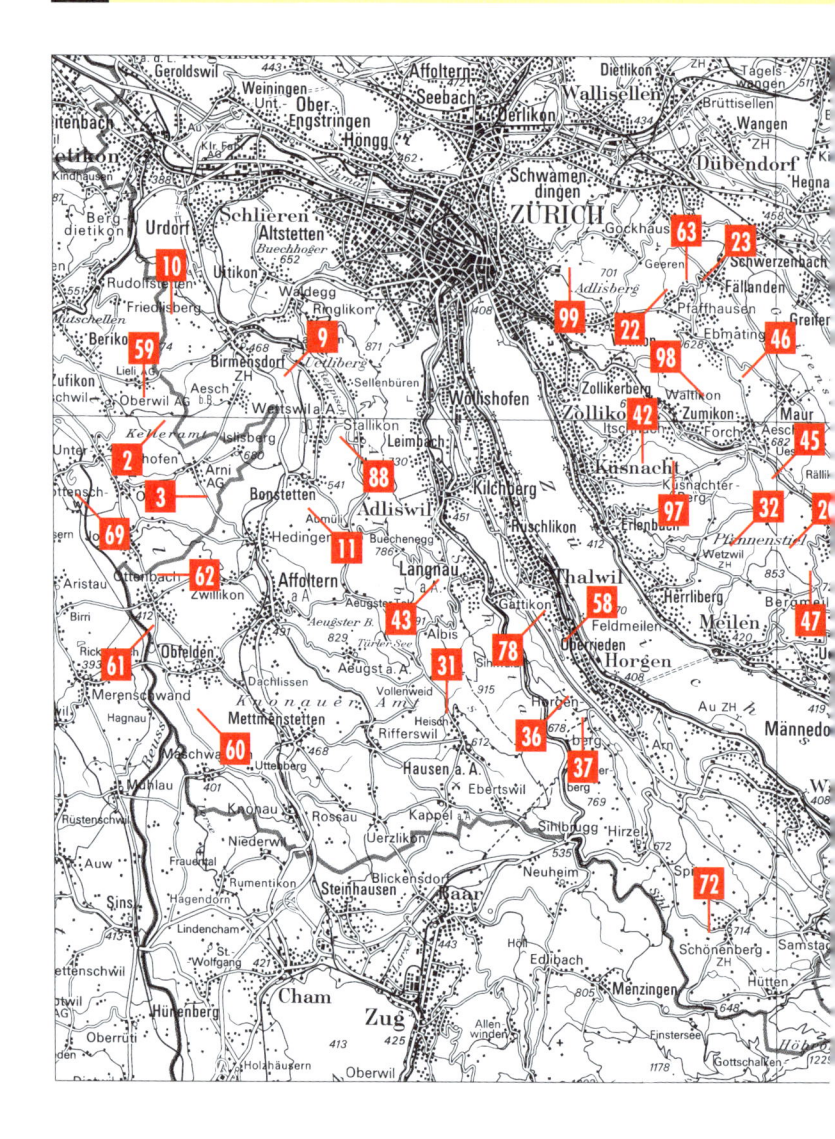

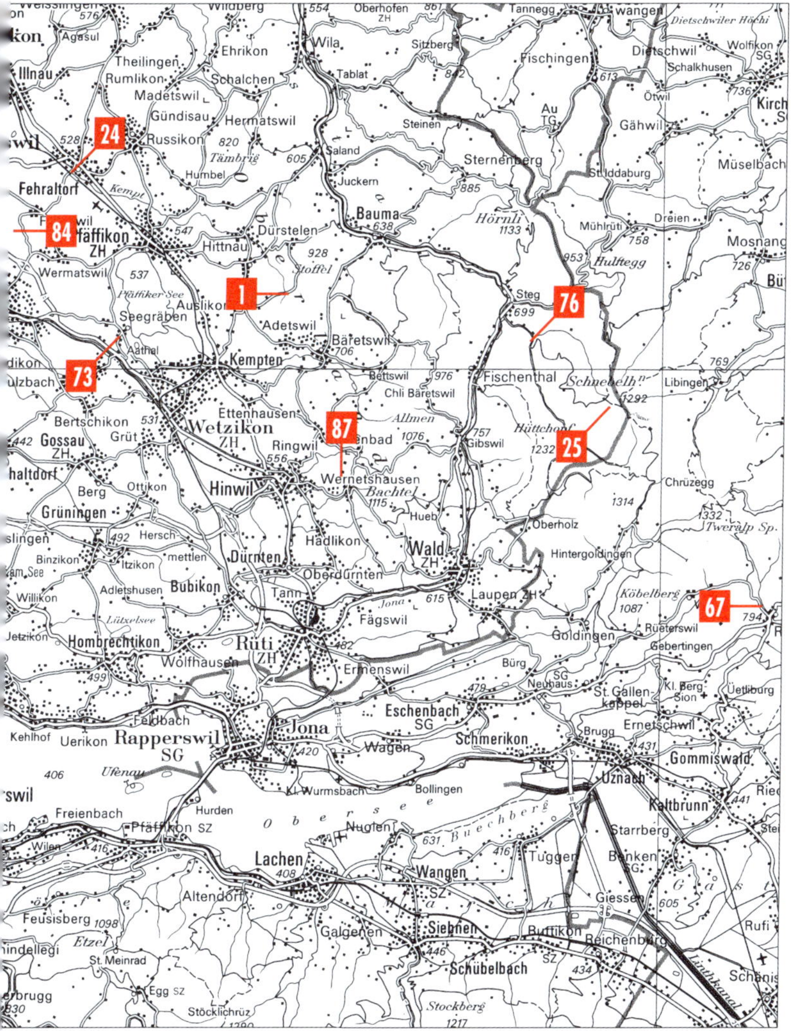
24
84
1
76
73
87
25
67
Fehraltorf
Pfäffikon ZH
Illnau
Wetzikon ZH
Kempten
Hinwil
Wald ZH
Dürnten
Rüti ZH
Bauma
Rapperswil SG
Jona
Eschenbach SG
Schmerikon
Uznach
Gommiswald
Kaltbrunn
Lachen
Wangen SZ
Siebnen
Schübelbach
Hörnli 1133
Bachtel 1115
Obersee
Gossau ZH
Grüningen
Bubikon
Hombrechtikon
Fischenthal
Steg
Bäretswil
Adetswil
Sternenberg
Fischingen
Gähwil
Mosnang
Goldingen
Laupen ZH
Fägswil
Wolfhausen
Feldbach
Freienbach
Pfäffikon SZ
Altendorf
Galgenen
Tuggen
Benken SG
Reichenburg
Feusisberg 1098
Etzel
St. Meinrad
Egg SZ
Stöcklichrüz
Stockberg 1217
Ufenau
Hurden
Nuolen
Bollingen
Kl. Wurmsbach
Buechberg
Linthkanal
Schänis
Rufi
Giessen
Buttikon
Ernetschwil
St. Gallenkappel
Rüeterswil
Gebertingen
Kl. Berg Sion
Üetliburg
Köbelberg 1087
Chrüzegg
Tweralp Sp.
Libingen
Schnebelhorn 1292
Hüttchopf 1232
Oberholz
Hintergoldingen
Gibswil
Wernetshausen
Ringwil
Ettenhausen
Bertschikon
Seegräben
Aathal
Pfäffiker See
Auslikon
Hittnau
Dürstelen
Stoffel 928
Russikon
Rumlikon
Theilingen
Madetswil
Gündisau
Hermatswil
Ehrikon
Schalchen
Humbel
Tämbrig
Wila
Tablat
Saland
Juckern
Steinen
Sitzberg
Oberhofen ZH
Tannegg
Au TG
St. Iddaburg
Dietschwil
Schalkhusen
Mühlrüti
Dreien
Hulftegg
Wermatswil
Agasul
Ottikon
Berg
Hadlikon
Hueb
Oberdürnten
Tann
Ermenswil
Bürg
Neuhaus SG
Wagen
Uerikon
Kehlhof
Brugg
Starrberg
Chli Bäretswil
Bettswil
Allmen
Binzikon
Itzikon
Herschmettlen
Adletshusen
Lützelsee
Willikon
Jetzikon
Müselbach
Wolfikon SG
Ötwil

Urs Walder
107 Waldhütten im Kanton Bern
60 Seiten, broschiert,
ISBN 3-85932-325-3

In diesem Waldhüttenführer findet man rasch den geeigneten Treffpunkt für ein Geburtstags-, Familien-, Vereins- oder Firmenfest. Sei dies eine einfache Waldhütte oder ein gut eingerichtetes Waldhaus, ein Schützenhaus oder eine Pfadihütte mit Übernachtungsmöglichkeiten. Platzzahl, Einrichtung, Mietpreis, Anfahrtsweg und Kontaktperson sind auf einen Blick einsehbar. Karten informieren über den Standort. Adressen von Weinbaumuseen und Weinbauern, die Degustationen anbieten, runden das Angebot ab.

Maria Weiss / Christina Sieg
40 Tages-Abenteuer Schweiz
200 Seiten, zahlr. farbige und
s/w Abb., broschiert,
ISBN 3-85932-311-3

Dieser seit Jahren erfolgreiche Schweizer Ausflugsführer bietet originelle kombinierte Vorschläge zur Gestaltung eines freien Tages. Eltern, Lehrer, Singles, Vereine, Senioren finden darin eine breite Palette von Ideen, wie sich bekannte, aussergewöhnliche oder weniger bekannte Destinationen zu einem abgerundeten Ausflug zusammensetzen lassen: Wanderungen, Museumsbesuche, Stadtbesichtigungen, Tierparks, Schiff-, Bahn- und Postautofahrten.

WERDVERLAG
www.werdverlag.ch

Jürg von Känel
30 Abenteuer am Berg
152 Seiten, zahlr. topografische
s/w Zeichnungen, Farbfotos,
broschiert, ISBN 3-85932-392-X

Mit den Schweizer Seilbahnen erreicht man im Sommer nicht nur Aussichtsgipfel, Bergrestaurants und Wandergebiete. Die Seilbahnen erschliessen auch im Trend liegende Bergsportarten wie Plaisir-Klettern, Klettersteiggehen, Biken oder Gleitschirmfliegen. Dieser praktische Führer beschreibt anhand von übersichtlichen topografischen Zeichnungen 30 Gebiete quer durch die Schweiz mit entsprechendem Sportangebot.

Franz Auf der Maur
40 Wanderungen zu Bergseen in der Schweiz
200 Seiten, zahlr. farbige Abbildungen, broschiert, ISBN 3-85932-381-4

Die 40 Touren dieses Buches führen zu rund 80 der schönsten Schweizer Bergseen. Das Schwergewicht liegt auf den Alpen, wobei alle Regionen vertreten sind. Auch die wenigen Juraseen verdienen eine Visite, umso mehr, als sie bereits im Frühling zugänglich sind, wenn manche alpine Gewässer noch unter einer Eisdecke schlummern. Alle Touren sind auf die An- und Rückreise mit öffentlichen Verkehrsmitteln ausgerichtet.

WERDVERLAG
www.werdverlag.ch

Franz und Brigitte Auf der Maur
**20 Bergwanderungen
Region Jura**
128 Seiten, zahlr. farbige Abbildungen, 20 farbige Kartenskizzen, Höhenprofile, broschiert, ISBN 3-85932-348-2

Landschaftlich ist das Kalkgebirge zwischen Schaffhausen und Genf sehr abwechslungsreich: Neben der typischen Wald- und Weidelandschaft gibt es auch felsige Kreten und eindrückliche Schluchten. Die Tourenbeschreibungen und Fotos dokumentieren, was die Wandernden unterwegs erwartet. An- und Rückreise erfolgen mit öffentlichen Verkehrsmitteln.

Luc Hagmann / Franz Auf der Maur
**20 Bergwanderungen
Region Tessin**
128 Seiten, zahlr. farbige Abbildungen, 20 farbige Kartenskizzen, Höhenprofile, broschiert, ISBN 3-85932-347-4

Rund 2000 Kilometer umfasst das Wanderwegnetz des von zahlreichen Gegensätzen geprägten Tessins. Grossartige Ausblicke von Panoramawegen, Wanderungen auf alten Saumpfaden, Begegnungen mit geschichtsträchtigen Dörfern und Städten, Märsche entlang von Transitrouten und ein vielfältiges Kunst- und Kulturangebot sind in diesem Buch enthalten. An- und Rückreise erfolgen mit öffentlichen Verkehrsmitteln.

WERDVERLAG
www.werdverlag.ch

Luc Hagmann / Franz Auf der Maur
20 Bergwanderungen Region Engadin und Südbünden
128 Seiten, zahlr. farbige Abbildungen, 20 farbige Kartenskizzen, Höhenprofile, broschiert, ISBN 3-85932-374-1

Dieses Buch stellt 20 der schönsten Wanderungen im Süden Graubündens vor: im Engadin, im Münstertal, im Puschlav, Bergell, Misox und Calancatal. Es ist eine Region voller Gegensätze, von den Gletschern der Bernina bis zu den Palmen im Puschlav. Wo immer man sich aufhält: überall wird man von der urtümlichen, gewaltigen und doch einladenden Landschaft mit ihrer artenreichen, farbenprächtigen Flora begeistert sein.

Franz Auf der Maur / Bruno Rauch
20 Bergwanderungen Region Zentralschweiz
128 Seiten, zahlr. farbige Abbildungen, 20 farbige Kartenskizzen, Höhenprofile, broschiert, ISBN 3-85932-375-X

Dieser Führer umfasst das vielfältige Gebiet vom Entlebuch bis zum Gotthard mit den geschichtsträchtigen Landschaften rund um den Vierwaldstättersee. Das Buch macht nicht nur mit touristischen Highlights bekannt, sondern auch mit den versteckten Schönheiten der Kantone Luzern, Nidwalden, Obwalden, Schwyz und Uri. Auch die seltener besuchten Wanderziele sind mit öffentlichen Verkehrsmitteln problemlos zugänglich.

WERDVERLAG
www.werdverlag.ch